Der Edelmann
wird als
Botschafter nach
Rom geschickt,
um den Papst um
Hilfe zu bitten
und ihn zu veran-
lassen, seine
Streitkräfte mit
denen der
Republik zu ver-
einigen.

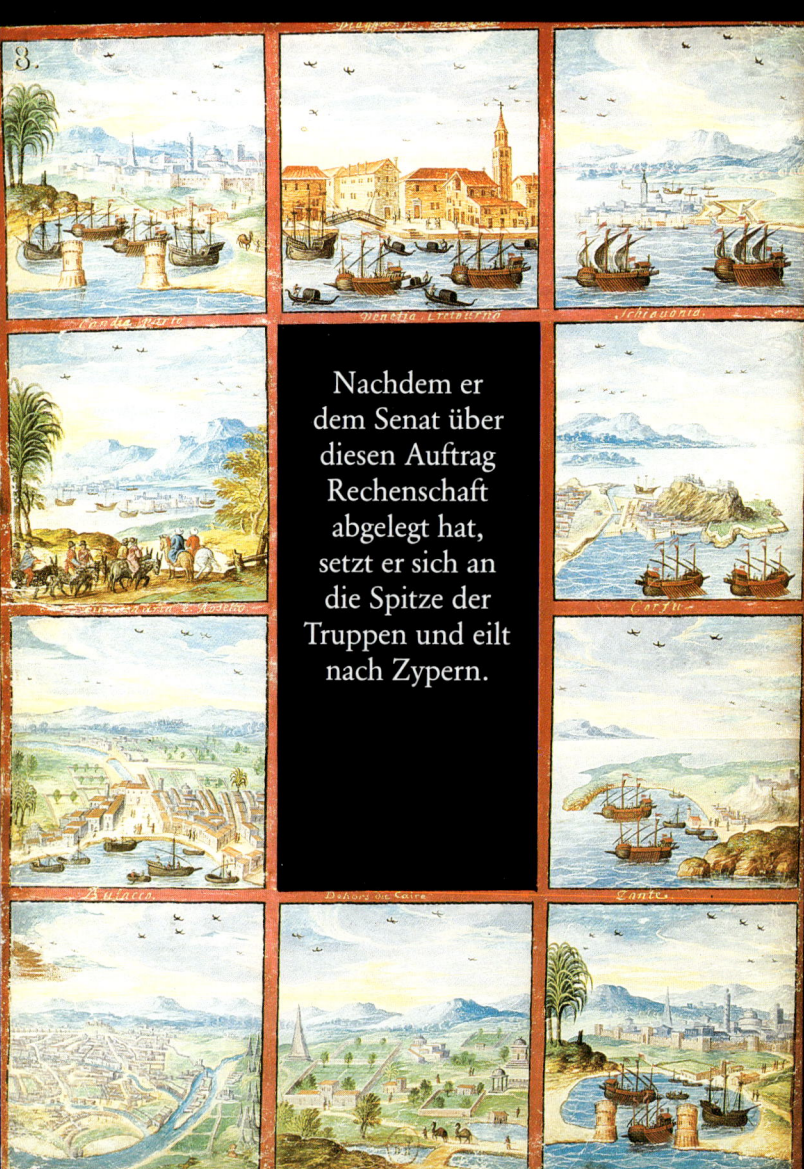

Nachdem er dem Senat über diesen Auftrag Rechenschaft abgelegt hat, setzt er sich an die Spitze der Truppen und eilt nach Zypern.

Pesaro.

Spata.

Puola.

Roma.

Capo d'Istria.

Conclave.

Venetia Parte.

Trotz seiner Bemühungen, die Insel zu verteidigen, kann er die Türken nicht an einem Sieg hindern. Er wird bei der Eroberung von Famagusta als Sklave gefangengenommen.

und Abenteuern, darunter die Schlacht von Lepanto, die die Christen 1571 gewinnen, wird er in seine Heimat zurück-gebracht.

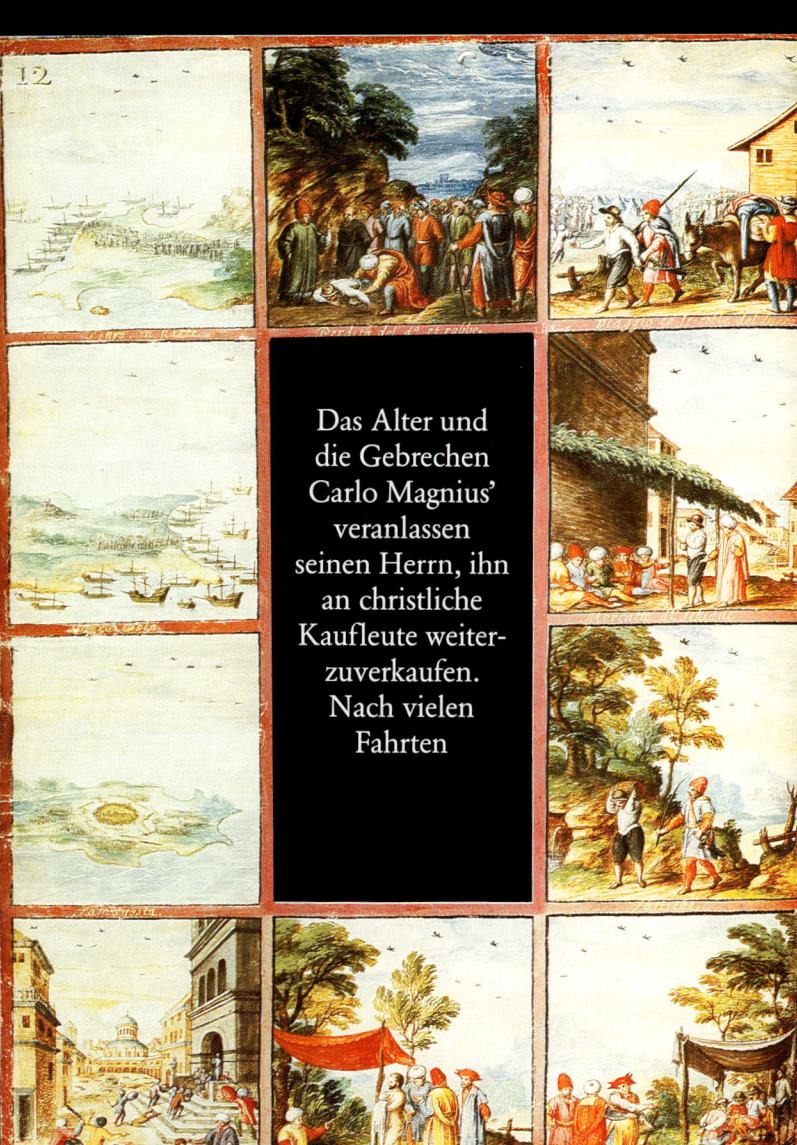

12

Das Alter und
die Gebrechen
Carlo Magnius'
veranlassen
seinen Herrn, ihn
an christliche
Kaufleute weiter-
zuverkaufen.
Nach vielen
Fahrten

Schon während seiner verschiedenen Reisen zeichnet er genaue Pläne von den Häfen und Städten, die er besucht.

Sieben
Jahre nach
seiner Rückkehr
läßt Magnius
die Pläne und
die wichtigsten
Ereignisse
seines Lebens
von fähigen
Künstlern
malen.

Miseno. Castello.

Piazza St. Marco.

Ariuo a Casa.

Ariuo a Vinc.

Offizio. della Sanita.

Stromzillo.

Parenso Isola distria.

Porto delle quaglie.

André Zysberg ist Historiker und Literaturwissenschaftler.
Er lehrt an der Sorbonne und an der Hochschule für
Sozialwissenschaften in Paris.

René Burlet, Petrolingenieur und Doktor der Ergonomie,
beschäftigt sich schon lange mit der Geschichte des Schiffbaus.
Er arbeitet zur Zeit an einem Forschungsprojekt
über Galeeren und andere Schiffe des 16. Jahrhunderts.

Deutsche Textfassung: Hans Poser
Wissenschaftliche Überarbeitung:
Prof. Dr. Bernd Röck, Historiker, und Thorsten Marr, Historiker

CIP-Titelaufnahme der Deutschen Bibliothek

Venedig und die Galeeren /
André Zysberg; René Burlet. [Dt. Textfassung: Hans Poser
Wiss. Überarb.: Thorsten Marr].
– Dt. Erstausg. – Ravensburg: Maier, 1991
(Abenteuer Geschichte; 17) (Ravensburger Taschenbuch)
Einheitssacht.: Gloire et misère des galères <dt.>
ISBN 3-473-51017-3
NE: Zysberg, André; Burlet, René; Marr, Thorsten [Bearb.]; EST; 1. GT

ABENTEUER GESCHICHTE

Deutsche Erstausgabe als Ravensburger Taschenbuch
© 1991 Ravensburger Buchverlag Otto Maier GmbH

Die Originalausgabe erschien unter dem Titel
„Gloire et misère des galères"
© 1987 Editions Gallimard, Paris

Redaktion der deutschen Fassung: Martin Sulzer

Alle Rechte dieser Ausgabe vorbehalten durch
Ravensburger Buchverlag Otto Maier GmbH
Satz: Eduard Weishaupt, Meckenbeuren
Printed in Italy by Soc. Editoriale Libraria

5 4 3 2 1   95 94 93 92 91

ISBN 3-473-51017-3

VENEDIG
UND DIE GALEEREN

André Zysberg / René Burlet

Otto Maier Ravensburg

ERSTES KAPITEL

DER UNAUFHALTSAME AUFSTIEG EINER SEEREPUBLIK

An jedem Himmelfahrtstag feiert Venedig die Vermählung des *Dogen** mit dem Meer. Der Doge begibt sich an Bord der „Bucentaur", der Prunkgaleere der *Serenissima*, und wirft im Beisein des Volkes, der Würdenträger der Republik und der ausländischen Diplomaten einen Goldring in die Adria. Diese symbolische Handlung des Dogen erneuert Jahr für Jahr den Bund Venedigs mit dem Meer.

Die Lage Venedigs ist zunächst nicht besonders vorteilhaft: Die Stadt liegt am Ende einer schwer zugänglichen Bucht voller Sandbänke und Untiefen und ist ständig vom Wasser bedroht.

* *kursive Begriffe* siehe Glossar Seite 174.

Im Nordosten Italiens, zwischen den Mündungen von Po, Etsch, Brenta, Piave und Isonzo, liegt ein Gebiet von sumpfigen Lagunen, das nur durch einen schmalen, teilweise durchbrochenen Küstenstreifen vom Meer getrennt ist. Ebbe und Flut dringen regelmäßig in die Lagunen ein. Auf den inselartigen Erhebungen, zwischen Schilf und Schlamm, siedeln verstreut Menschen: Sie leben von Fischfang und Salzhandel. Ein Diener König Theoderichs nennt diese „ersten Venezianer" bezeichnenderweise „Wasservögel".

Erst nachdem man Kanäle und Deiche angelegt hat, entdeckt man die Vorzüge der Lage Venedigs, das ja auf halbem Weg zwischen romanischem Abendland und griechischem bzw. moslemischem Orient liegt.

Die Verehrung des heiligen Markus ist Ausdruck der Souveränität Venedigs. Der Heilige symbolisiert die Einheit von Weisheit, Wissen und Kraft. Der Löwe des Evangelisten ist in der Stadt allgegenwärtig und beschützt den Hafen und das Arsenal.

Venedig existiert noch nicht als klar umrissene Siedlung, sondern besteht eigentlich nur aus verschiedenen Pfahldörfern, die seit dem 6. Jahrhundert von Flüchtlingen vom Festland errichtet werden. Erst die Ernennung des Dogen Angelo Partecipazio im Jahr 810 läßt Venedig historisch faßbar werden.

Etwa 15 Jahre später überreichen zwei venezianische Kaufleute dem Dogen die Reliquien des heiligen Markus, die sie in Alexandria gestohlen haben. Dieser Raub bildet das letzte Kapitel der Legende um den Evangelisten Markus, der auf dem Weg nach Aquileia in der Lagune Schiffbruch erlitten und, vom Sturm bedrängt, auf einer der Inseln, auf denen heute Venedig steht, Zuflucht gefunden haben soll. Um das Wohlergehen Venedigs zu sichern, sollen nun seine Gebeine an den Ort zurückkehren, an dem er damals Schutz gefunden hat. In der Basilika gegenüber dem Dogenpalast, an der noch gebaut wird, soll er seine letzte Ruhestätte finden. „San Marco" wird der Schutzheilige Venedigs.

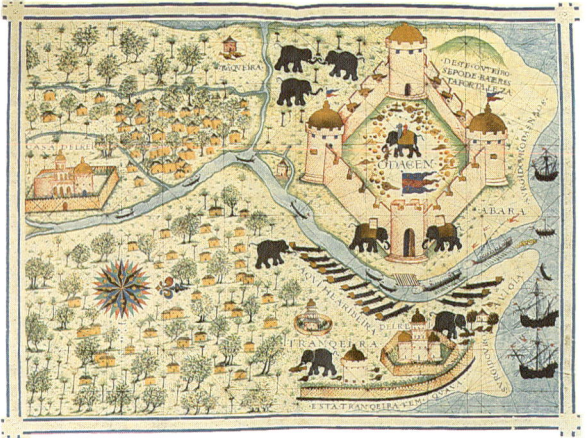

Venedig importiert kostbare Güter aus dem Orient und verkauft sie für teures Geld im Abendland.

Der Bericht vom Aufenthalt zweier venezianischer Kaufleute in Alexandria am Anfang des 9. Jahrhunderts läßt vermuten, daß Venedig den Seehandel bereits im großen Stil betreibt. Die Schiffe segeln von der Adria aus in Richtung Osten.

Der *Levantehandel* ist ein äußerst schwieriges Geschäft und erfordert eine genaue Kenntnis der Absatzmärkte, der politischen Verhältnisse und der Provisionen für mehrere Zwischenhändler, ohne die die Ware niemals an Ort und Stelle gelangen würde. Die Venezianer bringen es weit in diesem Spiel und verdrängen allmählich die byzantinischen Kaufleute, die ihnen anfangs den Weg geebnet hatten, vom Markt. Sogar in Konstantinopel, der Metropole am Bosporus, zählen die venezianischen Händler zu den wichtigsten Kunden und Lieferanten. Der Kaiser – der *Basileus* – braucht die Venezianer und ihre Marine, um sich der Normannen zu erwehren, die schon Sizilien und Süditalien erobert haben und sich nun nach Albanien und Griechenland wenden.

In Anerkennung seiner loyalen Dienste erhält der Doge von Venedig im Jahr 1082 von Kaiser Alexios I. eine goldene Bulle: Sie gewährt den Kaufleuten vom Rialto, neben vielen anderen Privilegien, Vorrechte bei der Zollabfertigung im gesamten Byzantinischen Reich. Venedig

Die Waren aus Indien, Malaysia und China legen bis zu den Handelsniederlassungen in Syrien und Ägypten einen langen Weg zurück. Die mit Gewürzen beladenen arabischen Schiffe fahren durch das Rote Meer bis nach Djidda, dem Hafen von Mekka. Dort wird die Fracht von Kamelkarawanen übernommen, die die Arabische Wüste durchqueren und sie in die Handelsstationen von Alexandria und Damaskus bringen.

zahlt keinerlei Steuern, auch dort nicht, wo selbst die Byzantiner 10% abführen müssen.

Mit allen Mitteln wird der Wohlstand Venedigs ausgebaut: mit Krieg, Handel und Diplomatie.

Im Lauf des Aufstiegs der Republik erweisen sich diplomatisches Geschick und militärische Stärke als ebenso wichtig wie die Kenntnisse der Kaufleute und Seefahrer. Man braucht zunächst gute Beziehungen zu den mächtigen Staaten, um sich Privilegien verschaffen zu können und die eigene Unabhängigkeit zu wahren.

Den Verträgen, die mit dem Basileus und dem deutschen Kaiser im 9. und 10. Jahrhundert geschlossen werden, folgen weitere lukrative Abkommen mit moslemischen Herrschern in Nordafrika, Syrien und Ägypten. Gegenüber direkten Gegnern zeigt sich die venezianische Politik brutal und aggressiv. Mit Galeerenüberfällen, Plünderungen, Zerstörungen und Vergeltungsschlägen etabliert Venedig seine Vormachtstellung im Golf und baut, durch die Unterwerfung der Städte in Istrien und im Podelta, seinen Einflußbereich aus. An der dalmatinischen Küste unterwirft Venedig die slawischen Siedlungen, die nicht nur Konkurrenten sind, sondern auch seinen Handel durch die Seeräuberei empfindlich stören. In der festen Absicht, das Monopol im Seetransport zwischen Italien und dem Balkan zu bekommen, entfesselt Venedig einen

Ob es nun um Kostbarkeiten, Lebensmittel oder Rohstoffe geht, der venezianische Handel bildet eine Einheit. Manche Kaufleute spekulieren gleichzeitig mit Getreide, verkaufen heimlich Material zum Kriegswaffenbau (v. a. Holz und Eisen), lagern Gewürze und kostbare Stoffe in ihren Depots am Canale Grande und versteigern Sklaven auf dem Rialto. Kein Geschäft ist ihnen zu anrüchig oder zu niedrig, vorausgesetzt, es verspricht Gewinn. „Wir sind zuallererst Venezianer, danach erst Christen", sagt man in Venedig...

Die venezianische Kampftaktik beruht auf der Zusammenstellung der Flotte: niedrige Galeeren, die schnell und wendig sind, und höhere, breitere Schiffe, die zwar langsamer, aber besser bewaffnet sind.

langen Zermürbungskrieg mit Hafenstädten wie Ancona, Zadar und Ragusa, die verkehrstechnisch günstig liegen und häufig angelaufen werden.

Die Kreuzzüge, gleichermaßen Wirtschaftsunternehmen und heiliger Krieg, ermöglichen Venedig, seine Seeherrschaft auszubauen.

Venedig, von der Überwachung der Adria ganz in Anspruch genommen, zeigt anfangs wenig Begeisterung beim Aufruf zum Kreuzzug. Aber die Seerepublik kann sich von einer solchen Unternehmung, die ihre Position im Mittleren Osten und ihren Einfluß in Frage stellen könnte, nicht fernhalten. Es ist sicher, daß Pisa und Genua, die sich bereit erklären, die christliche Infanterie zu befördern, nicht zögern würden, aus der Eroberung der Heiligen Stätten Profit zu ziehen.

So brechen auch die Venezianer zum 1. Kreuzzug auf. Eine Flotte wird ausgerüstet, sowohl um die Bewegungen der Rivalen im Mittelmeer im Auge zu behalten als auch um sich 1099 am Angriff auf Haifa zu beteiligen. Am 6. Dezember 1100, dem Nikolaustag, kehren sie heim. Es ist ihnen u. a. geglückt, sich auf Rhodos der Reliquien des heiligen Nikolaus zu bemächtigen, des Schutzpatrons der venezianischen Seeleute, dem die Kirche des Lido geweiht ist. Eine vom Dogen Domenico Michiel angeführte Flotte eilt 1123 Haifa zu Hilfe, das der Sultan von Kairo den Kreuzfahrern wieder entreißen will. Auf der Höhe von Askalon treffen die Venezianer auf die

Die Insel Rhodos, die auf halbem Weg zwischen der Ägäis und dem Levantinischen Becken liegt, ist in byzantinischer Hand. Diese Insel stellt einen wichtigen strategischen Stützpunkt dar. Während der ersten Kreuzzüge kämpfen Pisa und Venedig um die Vorherrschaft. Im Jahr 1099 lassen die siegreichen Venezianer die Kriegsgefangenen unter der Bedingung frei, daß die pisanischen Kaufleute den Handel in den byzantinischen Häfen einstellen.

ägyptische Flotte. Der Doge schickt die schweren und langsamen Proviantschiffe voraus, um die Feinde zu täuschen. Als sich die gegnerische Flotte im Glauben an einen glücklichen Zufall auf die Handelsschiffe stürzt, wird sie von den venezianischen Galeeren vernichtet. Beladen mit der Kriegsbeute aus Gewürzen und Edelmetallen, nehmen die Venezianer die Belagerung von Tyros auf. Im Juli 1124 fällt die Stadt. Als Folge davon muß sich schließlich auch der Militärhafen von Askalon ergeben.

Wie alle anderen italienischen Kaufleute richten auch die Venezianer ihre Handelsniederlassungen in neuentstandenen fränkischen Staaten ein, die von den siegreichen Kreuzfahrern gegründet worden sind: Im Königreich Zypern, im Fürstentum Antiochia, in den Grafschaften Edessa und Tripolis und im Königreich Jerusalem erlangen die Venezianer besondere Konzessionen und Zollfreiheit. So erweisen sich die Kreuzzüge für sie zunächst als eine äußerst lukrative Unternehmung.

Die großen Verlierer sind weniger die Sultane von Ägypten und Syrien, die ihre Handelsbeziehungen mit den Abtrünnigen wieder aufnehmen, sobald der Heilige Krieg beendet ist, als vielmehr die Byzantiner, deren Küsten von Seeräubern und Kreuzfahrern verwüstet wurden. Und nicht selten nehmen auch die Venezianer an der Verteilung der Beute teil.

Als der Graf von Champagne den 4. Kreuzzug vorbereitet, schickt er eine Delegation nach Venedig, um über den Transport der Armee ins Heilige Land zu verhandeln. Die Venezianer sind damit einverstanden, 100 Proviantschiffe und die 50 erforderlichen Galeeren zu bauen und auszurüsten. Sie verdienen dabei eine enorme Summe. Bei Vertragsabschluß ist der alte Doge Enrico Dandolo sicher, daß die Kreuzfahrer mit diesem Vertrag ihre finanziellen und militärischen Kapazitäten überschätzen. Er ahnt nicht, daß das Geld, das für Transport und Verpflegung der christlichen Armee ausgegeben wird, der Republik das einträglichste Geschäft ihrer Geschichte bescheren wird.

Die Venezianer entwickeln sich von treuen Verbündeten des Byzantinischen Reichs zu Dieben und Plünderern.

Die Seeräuberei, ständige Plage auf dem Mittelmeer, wird oft von denselben Männern und denselben Schiffen betrieben wie der offizielle Seehandel. Als der Basileus im Lauf des 12. Jahrhunderts mehrmals die Privilegien der Seerepublik einschränkt und sogar zurücknimmt, schicken die Venezianer eilends ihre Galeeren, um die Ägäischen Inseln zu plündern. Mit Hilfe dieser Einschüchterungstaktik setzen sie sich immer wieder durch.

Die Venezianer haben jeden Respekt vor denen verloren, die sie einst protegiert und die ihre ersten Schritte außerhalb der Adria gelenkt haben. Als sich Venedig und Byzanz im Jahr 1148 verbünden, um den Normannen Korfu zu entreißen, fallen ihnen die Besatzungen von zwei Flotten in die Hände. Um sich über die Griechen lustig zu machen, parodieren die venezianischen Seeleute

die Zeremonie der *Proskynese* am byzantinischen Hof, indem sie sich vor einem Sklaven niederwerfen, den sie in kaiserliches Purpur gekleidet haben.

Hat sich Venedig im 3. Kreuzzug, der von Philipp August von Frankreich, Richard Löwenherz von England und Konrad III. von Deutschland angeführt wird, eher

Als die venezianische Armada im Oktober 1202 unter Trompetengeschmetter und den Klängen des Liedes „Veni creator spiritus" die Lagune verläßt, kennen nur die Befehlshaber ihr wirkliches Ziel. Die Venezianer wollen nicht, wie Pilger und Soldaten glauben, Ägypten und Syrien jenseits des Meeres erobern, sondern die nahe gelegene Hafenstadt Zara in Dalmatien, im Nordosten der adriatischen Küste. Die meisten Soldaten haben keine Bedenken, in die Stadt einzudringen; auch auf die Gefahr hin, von Papst Innozenz III. wegen Stürmung einer christlichen Stadt exkommuniziert zu werden...

zurückgehalten, so mißt es sich im 4. Kreuzzug schon eine entscheidendere Rolle bei. Dieser 4. Kreuzzug ist weit davon entfernt, auf die Befreiung der Heiligen Stätten abzuzielen. Er endet im April 1204 mit der Plünderung Konstantinopels und der Teilung des Byzantinischen Reichs. Dies gelingt nur dank des Erfindungsreichtums der Venezianer, die ihre Galeeren in Belagerungsmaschinen umwandeln.

Die Sieger teilen anschließend die Beute unter sich auf: Lehen und Güter für Prinzen, Grafen und Barone und sogar eine kurzlebige Königswürde für eine fränkische Dynastie, der für 60 Jahre die Krone des Basileus zufällt. Der Doge, Herrscher über „drei Viertel von Griechenland", handelt klug und stößt die teuren und schwer zu verteidigenden Besitzungen im inneren Balkan ab, um eine Reihe von Inseln, Häfen und Festungen im Ägäischen und Ionischen Meer zu halten. Der sogenannte 4. Kreuzzug hat es den Venezianern ermöglicht, die Fundamente ihrer Seerepublik am Anfang des 13. Jahrhunderts auf das östliche Mittelmeergebiet auszudehnen.

Der junge Alexios
Komnenos löst wie
der Zauberlehrling eine
Kettenreaktion aus. Um
seinen Vater Isaak II.,
der von seinem Onkel
entthront und gefangen-
gesetzt wurde, wieder in
Amt und Würden zu
setzen, ruft Alexios die
fränkischen Lehnsherren
zu Hilfe, die in ihren
Winterquartieren zwi-
schen Zara und Korfu
warten. Nach dem ersten
Angriff auf Konstanti-
nopel im Juli 1203 set-
zen die Kreuzfahrer
Isaak II. auf freien Fuß
und heben den Sohn
auf den Thron. Aber
Alexios wird nun die
Armee nicht mehr los,
die ungeduldig vor den
Toren der Hauptstadt
auf die Entlohnung
ihrer Dienste wartet. So-
gar im Inneren der Stadt,
wo sich die gedemütigte
Bevölkerung gegen
die Lateiner zusammen-
rottet, ist Alexios nicht
mehr Herr der Lage. Er
wird schließlich durch
einen Staatsstreich des
Usurpators Murzuphlos
gestürzt.

Der zweite Angriff: Konstantinopel fällt

Das Spiel ist beinahe aus. Byzanz wird wenige Tage vor Ostern, am 12. April 1204, erobert. Die Kreuzritter gebärden sich wie die schlimmsten Banditen, verwüsten die Häuser und rauben Kostbarkeiten und Reliquien, die sie als Kriegstrophäen nach Hause tragen. Zu den Raubzügen kommen noch Brandstiftung, Mord und Vergewaltigungen hinzu. „Die Sarazenen selbst hätten sich bei der Eroberung der Stadt barmherziger gezeigt", klagt ein byzantinischer Chronist. Dieses Blutbad führt den Moslems die Gespaltenheit des Christentums vor Augen. Im Abendland ruft es nur Gleichgültigkeit und Mißbilligung hervor. In Venedig jedoch wird Dandolo als Held gefeiert.

Aus der Konkurrenz im Mittelmeerhandel zwischen Venedig und Genua entsteht ein fast hundert Jahre dauernder Krieg.

Von allen Seerepubliken, die im Mittelmeerhandel eine wichtige Rolle spielen wollen, sind die Genuesen die gefährlichsten Rivalen Venedigs.

Wie Venedig in der Adria behauptet Genua seine Machtstellung im Ligurischen Meer zwischen der Provence und der Toskana. Auch versteht es Genua, genau wie Venedig, aus der Beteiligung an den Kreuzzügen Gewinn zu ziehen. Die bittere Konkurrenz zwischen den beiden Seemächten führt zu einer Folge von Kriegen, die über ein Jahrhundert immer wieder aufflammen.

Während aber das venezianische Volk – vom Fischer bis zum Adligen – angesichts mannigfacher Herausforderungen Zusammengehörigkeit und Gemeinschaftssinn zeigt, ist Genua durch Aufstände und unzählige Fehden zwischen den großen Familien, die der Reihe nach in die Verbannung geschickt werden, geschwächt.

Nach drei gewaltsamen Konflikten endet der letzte Krieg zwischen Venedig und Genua, bekannt als der Krieg von Chioggia, mit einem Friedensvertrag, der 1381 in Turin unterzeichnet wird. Beide Parteien gehen hoch verschuldet daraus hervor, ihre Bevölkerungen sind durch den Steuerdruck und die Aushebungen, die zur Austragung der Feindseligkeiten notwendig waren, finanziell und menschlich am Ende ihrer Kraft.

Gegen Ende des 14. Jahrhunderts deutet sich eine Aufteilung der Einflußbereiche der beiden alten Rivalen Genua und Venedig an. Genua hält sich vor allem an den westlichen Mittelmeerraum, ohne allerdings auf die Kolonien Chios und Phokäa und auf die Handelsniederlassungen am Schwarzen Meer zu verzichten, während Venedig seine Positionen im Ägäischen und Ionischen Meer und im Orient festigt.

Am Anfang des 15. Jahrhunderts erreicht Venedig seinen Höhepunkt als Seemacht und seine größte territoriale Ausdehnung.

In dieser Epoche nennt sich die Republik von San Marco die Serenissima, und man spricht den Dogen mit *Principe* an. Der venezianische Staat umfaßt zunächst das Dogat, bestehend aus der eigentlichen Stadt und den Dörfern der Lagune. Im Norden schließen sich die Provinzen des Festlandes an und umfassen das Friaul und die Städte zwischen Po und Isonzo.

Dazu kommen die Kolonien und Besitzungen, wie etwa die dalmatinischen und albanischen Küstenstädte, Lepanto und Patras, an der Einfahrt zum Isthmus von Korinth gelegen, Kythera, Kreta und die Inseln der Ägäis: eine Vielzahl von Inseln und Stützpunkten am Meer. Doch dieses Reich, das sich über das gesamte östliche Mittelmeer erstreckt, ist sehr zerbrechlich.

Zu Beginn der Renaissance scheint Venedig auf der Höhe seines Ruhms zu sein. Die Seerepublik bietet den türkischen Eroberern die Stirn; sie reorganisiert ihr Verteidigungssystem, das sich ebenso auf die Festungen zwischen Zypern, Dalmatien und Friaul wie auch auf die Flotte stützt. Geachtet, beneidet und bewundert, spielt Venedig im Europa des Mittelalters eine Rolle, die vergleichbar ist mit der Athens im antiken Griechenland.

Der Erhalt des Reiches hängt von der Schlagkraft der Kriegsflotte und der Kapazität der Handelsschiffe ab, mit denen man gegen die Konkurrenz der anderen Seerepubliken zu bestehen hat. Als Gegenleistung für den Schutz durch die venezianische Flotte dienen die Küstenstädte als Stützpunkte und sorgen für Ausrüstung und Mannschaft.

Der Doge Tommaso Moceniga setzt in seiner berühmten Ansprache an den Senat vom 4. April 1423, seinem politischen Testament, „als er angesichts einer schweren Krankheit sein Ende nahen fühlt", die Marine an die erste Stelle der Reichtümer Venedigs. Mit Stolz erwähnt er die 3000 Barken und Küstenschiffe, die 300 Rundschiffe und 45 Galeeren, auf denen insgesamt über 36000 Seeleute dienen. Venedig ist nun die größte Seemacht des Abendlands, wenn nicht sogar der Welt; „die triumphalste Stadt, die ich je gesehen habe", schreibt Philippe de Commynes, ein Zeitgenosse, in seinen Memoiren.

ZWEITES KAPITEL

DAS GOLDENE ZEITALTER
DER GALEEREN

Was sind das nun für Schiffe, mit denen man sich zwischen der Zeit der Kreuzzüge und dem Ende des Mittelalters auf dem Mittelmeer fortbewegt? Es gibt vor allem zwei Arten: die Galeeren oder auch Langschiffe und die Rundschiffe. Erstere werden besonders im Krieg und zur Überwachung der Küsten eingesetzt, letztere zum Transport von Waren.

Galeeren oder Langschiffe haben ein dreieckiges Segel, das sogenannte Lateinsegel. Wie es zu dieser Bezeichnung kommt, ist ungeklärt, denn es geht ohne Zweifel nicht auf die Schiffahrt der römischen Epoche zurück. Es scheint aus dem Indischen Ozean zu stammen, von wo es von arabischen Seefahrern ins Mittelmeer mitgebracht wurde.

Die mittelalterlichen Galeeren scheinen die Nachfolger der athenischen *Trieren*, der römischen *Liburnen* und der byzantinischen *Dromonen* zu sein. Alle diese länglichen, schmalen und tief im Wasser liegenden Schiffe werden von Ruderern angetrieben und sind speziell für kriegerische Auseinandersetzungen in Küstennähe bestimmt.

Die verschiedenen Arten der venezianischen Galeeren bilden ebenfalls die Kriegsflotte: zunächst die *Bireme* mit zwei Ruderern auf jeder Bank, später im 13. Jahrhundert ersetzt durch die stärkere *Trireme* mit jeweils drei Ruderern. Die venezianischen Galeeren sind die schönsten und besten, die auf dem Meer zu finden sind. Das handwerkliche Geschick der Leute, die im venezianischen *Arsenal* beschäftigt sind, ist weithin berühmt und ihr Können in der mittelalterlichen Welt unübertroffen. Mit großer Sorgfalt gehen sie bei der Holzauswahl und beim Bau der Schiffe vor. Die Republik versteht es, für den Schiffsbau, dem größten Unternehmen der Zeit, die berühmtesten Konstrukteure und Zimmerleute zu verpflichten.

Die Decks der Rundschiffe, der *Nefs* und der höheren *Naven* für die stärkeren Einheiten, werden von einem imposanten *Achterkastell* und einem Vorkastell gekrönt. Außer diesen wenigen großen Schiffen gibt es noch viele kleinere Segelboot-Typen, die den Hauptteil des Transportverkehrs auf dem Wasser, vor allem die Küstenschiffahrt, bewältigen.

Der venezianische Staat, einer der Erfinder des Seehandels, besitzt eine eigene Schiffahrtsgesellschaft.

Venedig baut als erste Seemacht ein neues Schiffsmodell, das die Vorteile des Segel- und des Ruderantriebs zu verbinden sucht. Das venezianische Arsenal ist der Ort, wo auf dem Gebiet des Schiffsbaus die großen Neuheiten

Die mediterranen Rundschiffe wandeln sich im Lauf des 13. Jahrhunderts unter dem Einfluß der nordeuropäischen Koggen. Die Nef gibt die beiden seitlichen Schaufeln zum Steuern auf und übernimmt das Steuerruder am Achtersteven. Ihre Takelage wird vielfältiger. Zu den Lateinsegeln kommen viereckige Segel, die man beliebig reffen kann. Die Nef, die genuesische Karacke oder die venezianische Galeone werden derartig verbessert, daß sie auch mit hohen Tonnagen wendiger werden. Die Besatzung ist nur noch halb so stark wie bei den älteren Typen, d. h. ein Mann pro 10 t um das Jahr 1400.

entwickelt werden. Von hier laufen in den Jahren 1290
bis 1300 die Prototypen der großen Galeeren vom Stapel,
die *Batarden*, eine Mischform zwischen der Nef und der
Galeere.

Anfang des 14. Jahrhunderts wird die große Galeere,
obwohl ursprünglich für die Kriegsflotte gedacht, auch
als Handelsgaleere (galea di mercato) verwendet. Viele
andere Staaten folgen bald dem Beispiel Venedigs und
bauen ebenfalls solche Schiffe. Dazu gehören Genua und
Florenz, aber auch Frankreich mit seinen berühmten,
von Jacques Cœur für den Levantehandel ausgerüsteten
Galeen.

Die Galea kommt den besonderen Bedürfnissen des Seehandels entgegen.

Die Galea transportiert Ladungen von beträchtlichem
Wert schnell, sicher und über weite Strecken. Da ihre Ausrüstung und der Unterhalt sehr viel teurer ist als der
eines herkömmlichen Segelschiffes – man braucht eine
große Besatzung zum Rudern und zur Verteidigung des
Schiffes –, lädt die Galea ausschließlich Luxusgüter
sowie Passagiere, die es eilig haben und reich genug sind,
für einen Platz viel Geld zu bezahlen. Aber wer sich und
seine Habe einer Galea anvertraut, erhält dafür einen
für die Zeit ausgesprochen verläßlichen Service.

Auch die Galeen werden, alle nach gleichem Modell,
im venezianischen Arsenal gebaut. Seit den 30er Jahren
des 14. Jahrhunderts werden einige vom Staat gegen
Höchstgebot für eine festgelegte Strecke verpachtet. Etwa
20 solcher Schiffe fahren ein halbes Dutzend fester Linien,
zwischen dem Schwarzen Meer und der Nordsee, von
Trabzon bis Brügge. Die Galeen lichten am vorher festge-
legten Tag den Anker, andernfalls riskiert der Reeder eine
Geldstrafe in beträchtlicher Höhe. Die Galeen sind wie
Kriegsschiffe bewaffnet und reisen immer im Konvoi von
drei bis zehn Schiffen, um etwaige vom Reichtum der
Ladung angelockte Angreifer abzuschrecken. Die Schiffe,
die unter der Flagge von San Marco fahren, genießen
ein so großes Vertrauen, daß die Kaufleute sogar davon
absehen, ihre Waren zu versichern.

Die Entdeckung des Seewegs nach Indien um das Kap der Guten Hoffnung führt zum Niedergang des venezianischen Handels und zum Verschwinden der Handelsgaleeren.

Die Handelsgaleeren erreichen ihre Blütezeit in den letzten Jahrzehnten des 15. Jahrhunderts. Danach verlieren sie mehr und mehr an Bedeutung für den Gütertransport. In der zweiten Hälfte des 16. Jahrhunderts verschwinden sie fast völlig. Dieser Niedergang erklärt sich zum Teil durch den technischen Fortschritt der hanseatischen Rundschiffe *(Koggen)*, die besser mit Geschützen ausgestattet sind und immer manövrierfähiger werden. Ähnliches gilt auch für Karacken und Galeonen.

Bis zum Ende des 16. Jahrhunderts bilden die Galeeren den Kern der Kriegsmarinen auf dem Mittelmeer. Sie eignen sich zu kurzen Einsätzen, Handstreichen und Beutezügen, weniger zu längeren Aktionen wie etwa Blockaden.

Der groß Venedigisch krieg

Aber die Ursache für das Ende des venezianischen Seehandels scheint vor allem in den politischen und wirtschaftlichen Veränderungen zu liegen, die in der ersten Hälfte des 16. Jahrhunderts stattfinden. Venedig bleibt zwar eine reiche Seestadt, kontrolliert den Handel zwischen Orient und Abendland aber nicht mehr.

Auch andere Staaten wie England, Spanien, Portugal und das Osmanische Reich legen sich eine eigene Marine zu und sichern sich einen wachsenden Anteil am Mittelmeerhandel. Vor allem aber beginnen sie, den Atlantik zu erforschen. Der Portugiese Bartolomeu Diaz entdeckt 1485 die Möglichkeit, Afrika um das Kap der Guten Hoffnung zu umsegeln, worauf sich seine Landsleute ihre Gewürze direkt in Indien besorgen.

Die Galeeren wagen sich zwischen Herbst und Frühling, der Zeit des *mare closum*, selten aus den Quartieren heraus. Die tief im Wasser liegenden Schiffe würden dem Sturm nicht standhalten.

Der groß Venedigisch krieg

Im Jahr 1514 beschließt der Senat von Venedig, künftig Karacken für den Transport von Gewürzen zu verwenden. Die letzte Fahrt einer Galeere nach Ägypten findet 1564, nach Syrien 1570 statt. Danach gibt es die großen Galeeren-Konvois nicht mehr. Die große Galeere, die zunächst als Kriegs-, dann als Handelsschiff dient, erlebt erst im 17. Jahrhundert eine zweite Blütezeit in ihrer ursprünglichen Verwendungsform.

Für den venezianischen Adel ist die Marine „Familiensache".

Die Kriegstriremen brauchen etwa 200 Mann Besatzung, fast ebensoviel wie eine Galea. Die venezianischen

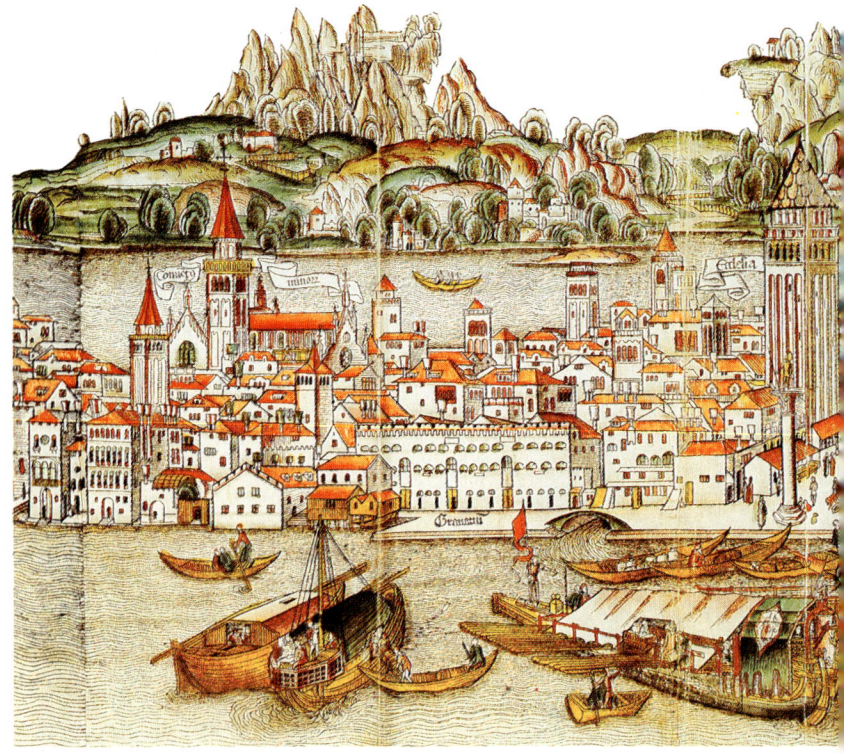

Schlachtgaleeren werden von *Sopracomiti* befehligt, die
Handelsgaleeren von *Patroni*, während der Kapitänstitel
Befehlshabern von Geschwadern und Konvois vorbehalten bleibt. Sowohl Sopracomiti als auch Patroni ent-
stammen den ungefähr 150 adligen Familien Venedigs, die
alle höheren Ämter, zivile wie militärische, innehaben.
Selbst wenn sich diese adligen Venezianer später in ihrem
Leben aus der aktiven Seefahrt und dem Handel zurück-
ziehen, so behalten doch viele ihre alte Leidenschaft
für das Meer.

Die jungen Adligen fahren häufig schon mit den
Eltern zur See. Auf den Galeeren stehen ihnen immer
einige Armbrustschützen zur Verfügung, die sie gleichzeitig mit Schiffahrt, Handel und Waffen vertraut

Die Schiffe der Pilger,
die am „Sklaven-
kai" angelegt haben,
machen sich segelfertig.
Außer Handelsschiffen
gibt es dort private
Galeeren, deren Patroni
und Eigentümer sich auf
organisierte Reisen ins
Heilige Land speziali-
siert haben. Zu sicheren
Reisebedingungen, aber
hohen Preisen bringen
sie jedes Jahr die Pilger
nach Palästina. Die
Reise nach Jaffa dauert
30 bis 40 Tage. Von dort
aus begeben sich die
Pilger nach Jerusalem.

machen. Abgesehen vom erzieherischen Zweck begünstigt
dies auch den beruflichen Aufstieg von Kaufleuten ohne
Kapital. Selbst die wohlhabendsten Zweige des venezianischen Patriziats, die Patroni und Sopracomiti, schätzen
diese Einrichtung, die Jahr für Jahr etwa 200 junge Leute
beschäftigt. Nach Ablauf von vier Jahren Staatsdienst
auf den Kriegs- oder Handelsgaleeren können die Offiziersanwärter für die Dauer einer Reise zu Sopracomiti
ernannt werden, nachdem sie durch einen Eignungstest
und ein Losverfahren ausgewählt und vom großen Rat
bestätigt worden sind.

Bei diesem Auswahlmodus scheiden auch die fähigsten Bürgerlichen aus, da trotz gelegentlicher Änderungsversuche die Zugehörigkeit zur Aristokratie unerläßliche

Die venezianische Aristokratie mißtraut der Herrschaft eines einzelnen. Deshalb unterliegt die Organisation der öffentlichen Angelegenheiten bestimmten Regeln, die eine solche Herrschaft verhindern sollen. So obliegt auch die Führung der Marine mehreren Gremien und Räten, deren Kompetenzen sich überschneiden. Zu Friedenszeiten besteht die Flotte aus zwei Geschwadern: eines im Golf, befehligt von einem *Capitanio*, und eines im Archipel, unter dem Kommando des Befehlshabers der Seestreitkräfte. Wie in den anderen Bereichen des Staates auch werden die zivilen und militärischen Führungskräfte der Marine alle zwei bis drei Jahre abgelöst.

Bedingung für jenes Amt bleibt. Auch verarmte Adlige haben wenig Hoffnung, denn das Kommando über eine Trireme bedeutet eine kostspielige Verantwortung. Der Staat baut zwar die Schiffe und rüstet sie aus, aber die Sopracomiti müssen selbst die Besatzung anheuern und beträchtliche Prämien und Vorschüsse für den Sold aufbringen, weil sich nur so eine gute Besatzung zusammenstellen läßt.

Das Kommando über eine Handelsgaleere erweist sich als viel einträglicher als das über eine Kriegsgaleere.

Patron einer Handelsgaleere wird immer derjenige, der bei der öffentlichen Versteigerung am meisten bietet. Das hält den Staat aber nicht davon ab, die Wahl genauestens zu überwachen, denn der Patron bürgt immerhin für eine Schiffsladung im Wert von mehreren 10 000 Dukaten. Er muß den Nachweis über seine adlige Herkunft, seine seemännischen Fertigkeiten und seine solide finanzielle Lage erbringen.

In Venedig beobachtet die herrschende Klasse die Entwicklung der Marineangelegenheiten ganz genau, denn sie ist für den Bestand ihrer Stellung und ihres Wohlstands von größter Wichtigkeit. In welchem anderen Staat sonst sähe man den Senat über die Anzahl der Arbeitsstunden eines Schiffsbaumeisters debattieren oder den Dogen und die Honoratioren der Republik einem Wettkampf zweier Galeeren beiwohnen?

Meistens steht jedoch eine Art „Gesellschaft auf
Zeit" hinter ihm, bestehend aus Kaufleuten und Reedern,
die sich zusammentun, um gemeinsam eine oder mehrere
Galeeren, manchmal auch einen ganzen Konvoi, zu er-
steigern.

Der Vorteil dieses Systems liegt darin, daß es die
Wohlhabenden daran hindert, sich ihre eigene Flotte zu
halten und den Seehandel zu bestimmen: Dies gibt den
kleineren Kaufleuten die Chance, aus den gleichen
Einnahmequellen und zu denselben Bedingungen wie die
mächtigen, kapitalkräftigen Unternehmer zu schöpfen.

Zum Befehlshaber eines Geschwaders ernennt die
Regierung einen Capitanio, der das Laden und Löschen
überwacht, den Konvoi führt und alle Maßnahmen
zu seinem Schutz zu ergreifen hat. Dieses Amt ist
sehr begehrt, hoch angesehen und hoch dotiert,
stellt aber keine leichte Aufgabe dar: Der Capitanio
muß dem Senat nach der Reise Rechenschaft
ablegen und kann im Falle eines Fehlers verurteilt
werden.

Die „Techniker", Comites, Berater und Lotsen halten das Schicksal des Schiffes in Händen.

Auch wenn der Sopracomito über Fähigkeiten und Kenntnisse im Bereich der Navigation verfügt, so ist er doch mehr für die militärischen Belange zuständig. Sopracomito zu sein, ist kein gewöhnlicher Beruf. Die Führung einer Galeere kann eine lebensgefährliche Aufgabe sein, die von reichen Adligen ausgeübt wird. Die Führung des Schiffes obliegt dem Comes, dem ein Subcomes und drei oder vier Offiziere assistieren. Etwa 15 Matrosen sind mit der Bedienung von Anker, Segeln und Steuerruder betraut. Ein Zimmermann, ein *Kalfaterer*, ein Ruder-Schreiner und ein *Küfer* reparieren Schäden, die während der Reise an der Trireme entstehen. Außerdem sind an Bord ein Geistlicher, ein Koch, ein Schiffsschreiber, ein Barbier und drei Schiffsjungen, die vor Ort die Aufgaben der Unteroffiziere kennenlernen.

Das „technische" Personal einer Galea ist noch zahlreicher. Zum Stab des Schiffskommandanten zählen ein Berater und ein *Amiraio* oder Chefnavigator.

Zu diesen gebildeten und fachkundigen Männern, die über das Schicksal des Schiffes entscheiden, gehörte auch der Kartograph Andrea Bianco, der auf nahezu allen venezianischen Linien als Seemann diente.

Solange die Galeerenflotte nicht mehr als 20 Einheiten umfaßt, ist es noch einfach, jedes Jahr die mit allen erforderlichen Fähigkeiten und Eigenschaften ausgestatteten Kommandanten zu finden. Aber mit der Verdopplung der Geschwader während der Seekriege gegen das Osmanische Reich ab Anfang des 15. Jahrhunderts wird die Einstellung von Sopracomiti immer schwieriger.

Bis zur Mitte des 16. Jahrhunderts beruht der Wohlstand der venezianischen Kaufleute auf dem Seehandel.

Da man vermeiden will, daß Abenteurer statt kompetenter Seefahrer an Bord gelangen, wird die Rekrutierung der Berater genauestens vom Staat überwacht. Die Handelsgaleeren nehmen dazu, je nach Schwierigkeit der Route, auch noch Lotsen an Bord. Die Mannschaft ist in zwei Klassen unterteilt: die Elite der zwölf *Marsgäste*, denen akrobatische Kunststücke in den Masten abverlangt werden, und etwa 20 gewöhnliche Matrosen.

Solange der Gemeinschaftssinn das Volk zur Verteidigung der Stadt antreibt, wird das Rudern nicht als eine niedere Tätigkeit betrachtet.

160 Ruderer stellen drei Viertel der Besatzung. Man rechnet drei Mann pro Bank und pro Mann ein Ruder. Daher und von den griechischen und römischen Galeeren kommt der Name Trireme. Der Unterschied zu den antiken Schiffen besteht lediglich darin, daß sich auf diesen die Ruderer auf drei Ebenen befanden, während sie jetzt nebeneinander sitzen.

Bis zur Mitte des 16. Jahrhunderts sind die Ruderer der venezianischen Galeeren nicht etwa Sklaven, Gefangene oder Sträflinge, sondern vielmehr freie Männer. Das kleine Volk stellt seit langem freiwillig die *Galeotti*, die als Besatzung der ständigen Flotte erforderlich sind. Die Ruderer werden etwas besser bezahlt als Hafenarbeiter, Fischer oder Seeleute auf den Handelsschiffen. Dennoch ist der Sold der Galeotti nicht gerade üppig. Doch sie haben immerhin die Möglichkeit, auf den Reisen Dinge zu erwerben, die sie auf der Fahrt unter ihren Ruderbänken aufbewahren und dann in ihrem Heimathafen mit Gewinn weiterverkaufen können. Außerdem hoffen sie – und nicht zu unrecht – auf eine Beteiligung an der Beute.

S eit Anfang des 14. Jahrhunderts befahren etwa 20 Galeeren ein halbes Dutzend regulärer Schiffahrtslinien. Diese Staatsgaleeren dienen vor allem zum Warentransport: Es fahren Konvois aus den verschiedensten Häfen, von der Levante bis Flandern, nach Alexandria. Anfang des 15. Jahrhunderts wird eine neue Linie eingerichtet: Der „Konvoi von Aigues-Mortes" läuft italienische Häfen wie Pisa und Neapel an, bevor er nach Frankreich kommt.

Das geplante Auslaufen der Triremen wird von öffentlichen Ausrufern mit Trompeten und Trommelwirbeln angekündigt. Schreiber errichten Tische und Bänke auf dem Kai vor dem Palast des Dogen, und man kann bei ihnen anheuern. Die Schiffe tragen den Namen ihres Sopracomito: die „Contarina", die „Loredane", die „Moceniga" oder die „Cornera". Wenn der Vertrag abgeschlossen ist, erhält der Galeotto oder *Marinaio* drei oder vier Monatsheuern Vorschuß, vorausgesetzt, er kann jemanden benennen, der sich für seine Einschiffung verbürgt.

Ein paar Tage vor dem Auslaufen ziehen wieder Trompeter und Trommler durch die Stadt, von der Piazza San Marco bis zum Rialto, um die Besatzung zusammenzurufen. Wer sich nach dem dritten Aufruf nicht an Bord begeben hat, wird von der städtischen Polizei, den „Herren der Nacht", gesucht.

In Kriegszeiten greift die Stadt auf das Militär zurück, um die Schiffe mit Ruderern – die bei Schlachten auch mitkämpfen müssen – zu versehen. In Venedig sind die einzelnen Viertel und Pfarrgemeinden in Quadrate eingeteilt, die feste Kontingente stellen müssen. Die Regierung zieht bis zu drei von zehn Männern zwischen 20 und 60 Jahren zum Militärdienst ein. Die übrigen haben für den Lebensunterhalt der Soldaten Sorge zu tragen.

Ab dem 15. Jahrhundert führt der Mangel an Ruderern dazu, daß die Mittelmeerstaaten keine Mittel scheuen, um die Ruderbänke ihrer Galeeren zu füllen. Auf Zwangserhebungen folgt bald die Sklaverei.

**Die Verbesserung des allgemeinen Lebens-
standards bewirkt, daß die Venezianer nicht
mehr freiwillig auf den Galeeren anheuern.**

Der Aufschwung des Handwerks und der
Luxusgüterindustrie, die beide einen großen
Bedarf an Arbeitskräften haben, fängt die
Folgen des Niedergangs des Seehandels im
16. Jahrhundert auf. Da der Lebensstandard der
Venezianer sich gebessert hat, sind sie nicht
mehr gezwungen, den mühsamen Beruf eines
Galeotto zu wählen. „Die Leute sind so wohl-
habend und genießen ein so leichtes Leben,
daß es nichts weniger als einer Lebens-
gefahr bedarf, um sie auf die Galeeren
zu bringen", schreibt Cristoforo

da Canal im Jahr 1539. Seit den Zeiten, in denen Kauf-
und Seeleute Risiken und Elend teilten, ist die Kluft
zwischen den Händlern in ihren Niederlassungen oder
ihren Geschäften am Rialto und den Seeleuten immer
größer geworden. Nur Fachleute wie etwa die Unteroffiziere, Lotsen und Steuermänner haben es da besser als
die Mannschaften. Je schlechter die Lebensbedingungen
an Bord werden, desto niedriger ist die Schicht, aus denen
die Ruderer rekrutiert werden : Arme, Landstreicher,
Einwanderer und Sträflinge, die zum Dienst am Ruder
begnadigt werden.

Die früheren Galeotti hatten an manchen Tagen
Anrecht auf ein Stück Pökelfleisch, das in der Bohnen-
suppe mitgekocht wurde. Ab Mitte des 14. Jahrhunderts
gibt es nur noch Bohnen und schlechten Schiffszwieback:
„Tristissimo", kommentiert ein venezianischer Sopracomito lapidar.

Da sich in Venedig selbst schließlich zu wenig
Ruderer finden, holt man einen Teil der Besatzung für die
Galeeren von nun an aus den Kolonien. Diese Ruderer –
Dalmatiner, Albaner und Griechen – stellen mindestens
ein Drittel der Besatzung. Die Triremen verlassen Venedig
in der Regel mit zwei Ruderern pro Bank und beschaffen
sich den dritten unterwegs. Es sind nach wie vor freie
Männer, da weder die Patroni noch die Sopracomiti
Sklaven und Leibeigene an Bord nehmen dürfen. Die
richtigen Sklaven müssen auf den Baumwoll- und Zucker-
plantagen arbeiten und bringen so der venezianischen
Aristokratie ordentliche Gewinne ein.

**Berufssoldaten kommen zur Besatzung der Galeeren
hinzu: Armbrustschützen, Arkebusenschützen und
Artilleristen.**

Die Galeotti des 10. bis 13. Jahrhunderts formen eine
Miliz und haben wesentlichen Anteil an den Rammanö-
vern und an der Verteidigung des Schiffes. Ausgerüstet mit
Helm und Schild, bewaffnet mit Wurfspieß oder Bogen,
sind sie ebensosehr Kämpfer wie Ruderer.

Im 14. Jahrhundert wird das Kämpfen die Aufgabe von
Berufssoldaten. Armbrustschützen, die im folgenden Jahrhundert ihrerseits von den Arkebusenschützen verdrängt
werden, werden auf den Galeeren eingesetzt. Etwa 30 von
ihnen befinden sich an Bord jeder venezianischen Galeere,
bis zu 100 werden auf anderen Galeeren angeheuert.

Der große Reichtum der venezianischen Republik im 16. Jahrhundert verschleiert ihren Niedergang als Seemacht. Gegen Mitte des Jahrhunderts beginnt Venedig die Möglichkeit zu nutzen, Verurteilte als Ruderer einzusetzen. Die Republik gibt das traditionelle System der Ausschreibung und freiwilligen Teilnahme nur sehr allmählich und widerwillig auf, da die freien Ruderer auch als Kämpfer einsetzbar sind. Mit dem Verlust der Besitzungen im Balkan und in der Ägäis fehlt aber eine weitere Möglichkeit, die Besatzungen aufzustocken. Die Epoche der Galeotti hat sich überlebt. Die Galeere wird zum Gefängnis, die Kette zum Kennzeichen des Ruderers.

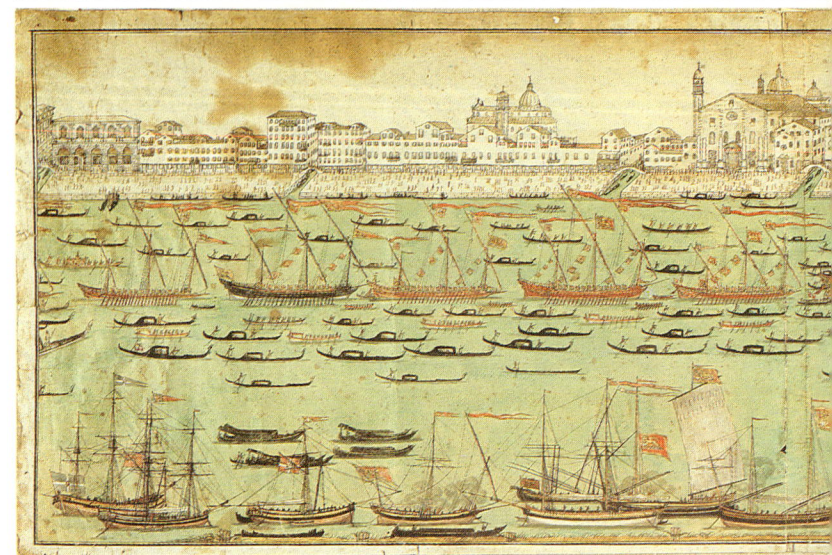

Auch wenn in Venedig ausgezeichnete Geschütze hergestellt werden, so sträubt sich doch der Senat dagegen, die Zahl der Marinesoldaten zu erhöhen. Wahrscheinlich hegt man Mißtrauen gegenüber den Söldnern, die viel Geld kosten und bei denen man Desertionen nie ganz ausschließen kann.

Aber die venezianische Flotte, in der sich ständig konservative und fortschrittliche Ideen gegenüberstehen, ist immer gut für eine Überraschung. Ihre Galeeren gehören zu den ersten Schiffen, die Kanonen an Bord nehmen und die Schiffe damit in wahre Kriegsmaschinen verwandeln.

Die Einführung von Geschützen verändert aber nicht die Gefechtstaktik auf See, wo man weiterhin Mann gegen Mann kämpfen läßt. Die Bewaffnung der Besatzung bleibt dieselbe, und die Kapitäne mißtrauen den Kanonen. Es dauert lange, bis sie sich von der Wirksamkeit der Artillerie auf See überzeugen lassen.

Sie halten sie eher für Donnermaschinen, die nur dazu geeignet sind, den Gegner zu erschrecken und zu verwirren, als für tatsächliche Vernichtungswaffen.

Bis in die Mitte des 16. Jahrhunderts erzählt man sich Episoden aus den Schlachten – Vorkommnisse, die bei

Am Himmelfahrtstag begeben sich Doge und Honoratioren mit großem Pomp in den Lido. In der Mitte schwimmt die „Bucentaur", das Prunkschiff der Republik, angetrieben von 21 Paar Rudern. Ihr folgt ein Konvoi von Kriegsgaleeren und Galeassen. Alle sind festlich beflaggt und zeigen ihre komplette Takelage von Lateinsegeln an den drei Masten. Dieser offizielle Zug wird umringt von Gondeln, den Booten der wohlhabenden Venezianer. Im Vordergrund erscheint, ebenfalls komplett beflaggt, die gewöhnliche Marine Venedigs, bestehend aus Brigantinen und vielen anderen Schiffstypen. Im 18. Jahrhundert hängt die gesamte venezianische Schiffahrt vom Bau und Gebrauch dieser Schiffe ab.

Schlachten zu Lande häufig vorkamen und so kaum für der Rede Wert gehalten würden –, als wären sie große Heldentaten: So tötete der Genuese Filippino Doria 40 Mann an Bord einer gegnerischen Galeere, indem er alle seine Kanonen auf einen Schlag abfeuern ließ; und die große Kanone einer venezianischen Trireme schoß mit einer einzigen Kugel den Mast einer türkischen Galeere entzwei.

Manche meinen sogar, daß das Geschütz den Bug der Galeere zu sehr belaste und so ihre Seetüchtigkeit beeinträchtige. Die Verantwortlichen der Marine sind jedoch nicht dieser Ansicht. Die Experten des Arsenals, immer auf der Suche nach Verbesserungen, stellen unzählige Experimente an, um die Schlagkraft der Marine zu erhöhen und zu verbessern. Die Schlacht von Lepanto, die nicht zuletzt wegen der wesentlich besseren Ausrüstung der Galeeren mit Feuerwaffen gewonnen wird, wird ihnen recht geben.

le vergine

Das venezianische Arsenal

Der Grundstein für das Arsenal wird im Jahr 1104 im Osten der Stadt gelegt. Im Lauf des 14. Jahrhunderts wird es, als der Staat selbst Kriegs- und Handelsgaleeren in Auftrag gibt, mehrmals vergrößert. Schließlich machen die Türkenkriege eine dritte und letzte Erweiterung notwendig. Die Werkstatt, die man heute noch bestaunen kann, umfaßt drei Becken, umgeben von Bootshäusern, Lagerhäusern, Werkhallen und Docks – den Volti –, die durch einen Kanal mit dem Hafen verbunden sind. Die Anlage wird von einer Mauer mit Zinnen und Türmen eingefaßt. Ein monumentales Tor, von steinernen Löwen flankiert, bildet den Haupteingang dieser Werft, dem größten Betrieb seiner Zeit.

RIVIERA · DELE · GALIACE

ARSENAL · VECHIO

Eine Spitzentechnik

Im 16. Jahrhundert beschäftigt die venezianische Schiffswerkstätte 2 000 bis 3 000 Arbeiter; zwei Drittel davon sind Zimmerleute und Kalfaterer. Ein Jahr vor der Schlacht von Lepanto halten die Werftarbeiter mehr als 100 Schiffsrümpfe bereit, die sie innerhalb von sechs bis sieben Wochen zusammenbauen und fertigstellen können. Wie bei der Montage am Fließband verrückt man für jeden Bauabschnitt die Schiffe, nicht das Material. Sobald die fertigen Schiffe zu Wasser gelassen sind, werden sie im Becken des Arsenale vecchio mit Spieren, Segeln, Tauen, Lebensmitteln, Werkzeug und Waffen ausgerüstet. Die Rudermanufaktur, die am Ausgangskanal liegt, hat Öffnungen, durch die man den Galeotti ihre Ruder reicht.

FV FATTO LANNO 1517 SOTTO MISIER ZACHARI
FV RINOVATO D'LANNO 1753 SOTTO LA GAST

Die Arbeiter des Arsenals

Die Schiffszimmerleute, die Marangoni, bilden eine wichtige Zunft, wie dieses Türschild einer Werkstatt zeigt. Der heilige Joseph, Schutzpatron der Zimmerleute, wacht über die Arbeit.

TONIO GASTALDO DE MARANGONI DNAVE D'LARSENAL
DI FRANCESCO ZANOTTO GASTALDO E COMPAGNI

DRITTES KAPITEL

DER SONNTAG VON LEPANTO

Mit dem schrecklichen Nahkampf von 450 Galeeren und 120 000 Soldaten und Ruderern erinnert die Schlacht von Lepanto an die großen Seekriege der Antike wie die von Salamis oder Actium. Weit mehr noch als ein großes militärisches Ereignis erscheint Lepanto aber als ein Zeichen der Vorsehung: der Beginn des Abstiegs der osmanischen Macht angesichts der endlich versöhnten und vereinten Christenheit.

Nach der Niederlage der Mameluken in Ägypten (1517) erhält der osmanische Sultan die Schlüssel Mekkas und wird damit betraut, den Islam gegen Abtrünnige und Ketzer zu verteidigen.

Die Nachricht vom glanzvollen Sieg der Heiligen Liga am 7. Oktober 1571 über die türkischen Streitkräfte im Hafen von Lepanto entfacht im Abendland einen wahren Begeisterungstaumel. Die Menschen wollen an das Wunder glauben. Da die Schlacht an einem Sonntag stattfand, muß ihr Gott seinen Segen verliehen haben. In Venedig dauern die Festlichkeiten eine Woche an. Auf den herabgelassenen Rolläden der Geschäfte, die aus Anlaß des Fests geschlossen sind, steht zu lesen: „Chiuso per la morte dei turchi."

Als Mehmet II. 1453 Konstantinopel angreift, besteht das Byzantinische Reich nur noch aus der Hauptstadt. Der Kaiser stirbt mit der Waffe in der Hand. In der Kirche Hagia Sophia, die zur Moschee umgewandelt wird, dankt der Sultan am Abend seines Sieges Allah.

Die Eroberung Konstantinopels am 29. Mai 1453 durch die Truppen Mehmets II. stellt eine entscheidende Wende dar.

Der Fall der ehemaligen Hauptstadt des Byzantinischen Reichs gibt den Türken die Möglichkeit, die Marine aufzubauen, die ihnen zur Machtentfaltung auf dem Mittelmeer noch fehlt. Byzanz, und damit auch Griechenland, stellt Häfen, Schiffswerkstätten und Arbeitskräfte.

Die christlichen Ruderer haben es auf den türkischen Galeeren nicht leicht. Dennoch werben dort Abenteurer aus allen Teilen des Mittelmeerraums, vom Fischer bis zum Edelmann, an, die zum Islam übertreten, um in der osmanischen Flotte Karriere zu machen. So bringt es der *Renegat* Khair ed-Din „Barbarossa", ein kühner Seemann und Pirat, Sohn eines griechischen Fischers von der Insel Mytilene, zum Herrscher von Algier und zum Großadmiral Süleimans des Prächtigen. Welche Bedeutung Khair ed-Din „Barbarossa" nach der damaligen Einschätzung für Europa darstellt, läßt sich davon ablesen, daß Kaiser Karls V. eigens einen Kriegszug nach Nordafrika unternimmt, um Barbarossa unschädlich zu machen.

Die Türken haben sich lange gedulden müssen, bis sie zur Seemacht wurden. Im Jahr 1416 greifen zwölf Galeeren unter dem Kommando von Capitanio Pietro Loredan vor Gallipoli in den Dardanellen ein türkisches Geschwader an.

Die siegreichen Venezianer entledigen sich der moslemischen Kriegsgefangenen, indem sie sie ohne Umschweife hinrichten. Auch Griechen und Italiener, die aus freien Stücken auf den türkischen Schiffen dienen, kommen dabei um.

Ein halbes Jahrhundert später nimmt der Sultan von Istanbul (so nennen die Osmanen das ehemalige Konstantinopel) Rache. Zum Ansturm auf Negroponte, dem Hauptstützpunkt Venedigs auf Euböa, schickt er 300 Galeeren, die wie „ein Wald auf dem Meer" anmuten. Ab dem Jahr 1470 ändern sich die Dimensionen in der Kriegsführung auf dem Mittelmeer schlagartig. Die Türken haben Fortschritte gemacht und zeigen sich in der Lage, auch Kriegszüge größeren Stils zu führen.

Am Anfang des 16. Jahrhunderts beherrschen moslemische Seeräuber Algier, Tripolis und andere Häfen des Maghreb, von wo sie Überfälle auf die Küsten von Sizilien und Italien unternehmen. Mit dem Sultan von Istanbul verbündet, bilden sie die Speerspitze der osmanischen Flotte.

Mit perfekter Planung koordinieren sie, auch weit entfernt von Istanbul, die Operationen von Flotte und Heer.

Im August 1503, nach der schweren Niederlage von Zonchio, unterzeichnet Venedig einen Friedensvertrag mit dem Osmanischen Reich. Die Bedingungen sind erniedrigend: Venedig verliert die Mehrzahl seiner Besitzungen im südlichen Griechenland und in Albanien, darunter Modon und Koroneia am äußeren Ende der Peloponnes, die in Venedig als die „zwei Augen der Republik" betrachtet werden.

In Prevesa, an der Küste von Epirus, erleidet die Serenissima an der Seite der Spanier und Genuesen noch eine weitere Niederlage gegen die türkische Flotte unter Barbarossa. Der Frieden von 1540 kostet Venedig 300 000 Dukaten und den Verlust der Kolonien und Besitzungen in der Ägäis.

Die Politik der Blöcke: das Osmanische Reich und Spanien teilen sich das Mittelmeer.

Im letzten Drittel des 16. Jahrhunderts erreicht das Osmanische Reich seine größte territoriale Ausdehnung. Es beherrscht den Balkan von Budapest bis Bagdad, von Damaskus bis Algier, außerdem die Donauebene, das westliche Asien, den Nahen Osten und einen großen Teil von Nordafrika. In der Westhälfte des Mittelmeers dagegen liegt der Machtbereich der spanischen Monarchie, die über die Länder zwischen Gibraltar und Sizilien herrscht. Eine Ausnahme bilden das Languedoc, die Provence und der Maghreb, auch wenn Spanien an der tunesischen und marokkanischen Küste Garnisonen unterhält.

Angesichts dieser mächtigen Blöcke erweist es sich für Venedig, dem angesichts seiner Handelsbeziehungen zu all diesen Staaten nichts an einer kriegerischen Auseinandersetzung gelegen ist, als sehr schwierig, die Neutralität zu wahren.

Drei große Etappen markieren die türkische Eroberung. Gegen Ende des 15. Jahrhunderts bemächtigen sich die Türken des nördlichen Balkans (Rumelien, Bulgarien und Serbien). In der zweiten Hälfte des 15. Jahrhunderts geraten Griechenland und Albanien in die Abhängigkeit des Osmanischen Reichs. 1422 hält Rhodos der Belagerung der moslemischen Streitkräfte stand, um schließlich im Jahr 1522 erobert zu werden.

Die stolzen Städte der italienischen Halbinsel, zum Beispiel Mailand und Genua, sind fast alle zu Satelliten von Madrid geworden, während Venedig und Ragusa Tribut an Istanbul zahlen.

Immerhin gelingt es Venedig durch ständiges Lavieren zwischen den beiden Großmächten gerade noch, die wertvollsten Teile des ehemaligen Reichs zu behalten: Zypern, Kreta, Korfu und einen schmalen Küstenstreifen in Dalmatien. Aber die Grenze zum Osmanischen Reich ist so nah, daß die Venezianer davon reden, man höre „die Hähne auf türkisch krähen".

Im 16. Jahrhundert, nach der Schlacht von Mohacs im Jahr 1526, erobern die Türken Ungarn und Transsylvanien und unterwerfen Syrien, Ägypten, Arabien und den Irak. Im Osten Europas dringen die Osmanen bis vor die Tore Wiens vor, im Westen reicht ihr Einfluß bis nach Persien.

NAPOLI

CARTE
PARTICVLIERE
DE LA MER-MEDI
TERRANEE FAICTE
PAR MOY
FRANÇOIS OLLIVE
A MARSEILLE

TARTARIE

HONGRIE

PODOLIE

MOLDAVIE

MOSKVIE

DALMATIE

MER MAGIOR

MER NOIRE

GRECE

ROMANIE

DESTROIT DE CRIMANTE

NATOLIE

ASIA

ARMENIE

TER

RA

NEE

SVRIA

L'ARCHIPELAGO

MARMARIQVE

AFRICA

LIBIA DESERTA

L'EGIPTE

LA MER
ROVGE

Die Koexistenz mit den Türken wird Anfang des Jahres 1570 auf einmal in Frage gestellt. Sultan Selim II. läßt die venezianischen Schiffe, die im Bosporus und in den Dardanellen vor Anker liegen, beschlagnahmen. Den Vorwand für dieses Vorgehen liefern christliche Seeräuber, die auch Zypern häufig heimsuchen. Die Wut des Sultans wird von seinem Günstling und Hauptgeldgeber Joseph Nasi noch angestachelt, der Venedig feindlich gesinnt ist und es auf die Reichtümer der Stadt abgesehen hat.

Ende März überbringt ein türkischer Gesandter dem Senat die Beschwerden der „Hohen Pforte". Im Namen des Sultans fordert er, gewissermaßen als Tribut für gute diplomatische und wirtschaftliche Beziehungen, die sofortige Abtretung von Zypern. Während Venedig dieses Ansinnen zurückweist und innerhalb weniger Wochen mit gewaltiger Anstrengung 110 Galeeren zum Angriff bereitmacht, versucht man hinter den Kulissen zu verhandeln. Der Botschafter in Konstantinopel soll den Großwesir Mehmet Pascha Sokolly, der Venedig offener gegenübersteht, versöhnlich stimmen. Vergeblich. Im Juli landet eine türkische Flotte mit mehreren 10000 Mann auf Zypern und nimmt die Belagerung von Nikosia auf.

Warum für Zypern sterben?

Das Unglück Venedigs rührt die Spanier kaum. In Madrid beabsichtigt man, es der Serenissima, die selbst nie eindeutig Partei nahm, mit gleicher Münze heimzuzahlen, damit sie sich so ihrer Doppelzüngigkeit und Intrigen bewußt wird. Der König von Spanien, Philipp II., wird von seinen Beratern, dem Herzog von Alba und dem Kardinal von Granvella, zur Vorsicht angehalten. Sie raten ihm, das Geschehen zu beobachten und vorerst abzuwarten. Venedig gewinnt jedoch in der Person des Papstes Pius V. eine unerwartete Stütze.

Pius V. (links), der im Jahr 1556 zum Papst gewählt wird, ist der Initiator der Verhandlungen der Heiligen Liga und so der Urheber des Sieges von Lepanto. Er verausgabt sich im Kampf gegen die beiden Feinde des Katholizismus: die Protestanten und die Türken.

Der streitbare Kirchenfürst hofft darauf, daß die Vorgänge in Zypern die christlichen Länder wieder vereinen, und setzt sich für einen neuen – inzwischen den 13. – Kreuzzug gegen den Islam ein.

Die Verhandlungen über die Formierung einer Heiligen Liga beginnen am 2. Juli in Rom. Sie ziehen sich in die Länge und verlaufen schließlich im Sande. Zwischen den spanischen und venezianischen Diplomaten herrschen zunächst Zurückhaltung und gegenseitiges Mißtrauen vor. Der Papst, der nicht einmal den Beginn der Verhandlungen abwartet, beschleunigt inzwischen die Ausrüstung der zwölf venezianischen Galeeren, die im Hafen von Ancona liegen. Am 11. Juni, dem Tag des heiligen Barnabas,

des Schutzpatrons Zyperns, erhält Marco Antonio Colonna, Herzog von Palliano, von Papst Pius V. den Oberbefehl über das päpstliche Geschwader. Anfang August machen sich die Galeeren fertig zur Abfahrt nach Otranto. Dort warten sie auf die 37 Galeeren des Geschwaders aus Neapel und Sizilien sowie auf die zwölf genuesischen Galeeren, die vom spanischen Monarchen bereitgestellt und finanziert und von Gian Andrea Doria angeführt werden. Der genuesische Admiral hat es jedoch nicht eilig, Messina zu verlassen, wo sich die Streitkräfte versammeln. Bevor er in See steche, so sagt er, brauche er neue Order.

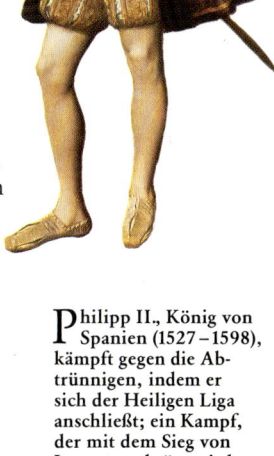

Philipp II., König von Spanien (1527–1598), kämpft gegen die Abtrünnigen, indem er sich der Heiligen Liga anschließt; ein Kampf, der mit dem Sieg von Lepanto gekrönt wird.

Die Heilige Liga hat eine traurige Vorgeschichte: Im Jahr 1538 schließen der Papst, Kaiser Karl V., Genua und Venedig ein Bündnis gegen die Osmanen, das mit der demütigenden Niederlage in der Schlacht von Prevesa endet.

**Unentschlossenheit und Eifersüchteleien unter
den Befehlshabern untergraben die Moral in der
christlichen Flotte.**

Der Oberbefehlshaber der venezianischen Flotte,
Girolamo Zane, reist am 30. März 1570 ab und geht am
13. April im Hafen von Zara vor Anker. Mitte Juni wartet
er dort immer noch auf Instruktionen der Regierung.
Die Vorräte sind nahezu erschöpft und die Besatzung
durch die Ruhr dezimiert. So wird schließlich beschlossen, ihn nach Kreta zu schicken, wo ihn Marco Antonio
Colonna und Gian Andrea Doria Anfang September wie-
dertreffen. Alles ist noch möglich: Kaptan Ali Pascha,
Befehlshaber der türkischen Seestreitkräfte, hat seine
Flotte fast abgerüstet, um der Armee vor Nikosia Verstärkung zu schicken.

   Die venezianischen, spanischen und genuesischen
Galeeren, verstärkt durch die maltesischen Schiffe, stechen
am 13. September in See und befinden sich auf der Höhe
von Kilikien, etwa 50 Meilen von Zypern entfernt, als die
Nachricht von der Einnahme Nikosias eintrifft. Die Stadt
ist am 9. September gefallen, und die Türken haben bereits
die Belagerung von Famagusta, im Südosten der Insel,
aufgenommen. Die Neuigkeit verändert jedoch nichts an
der Unentschlossenheit der christlichen Truppen. Nach
langem Hin und Her verständigt man sich schließlich
darauf, sich für den Winter nach Kreta zurückzuziehen.

   Auf der Höhe von Rhodos zerschlägt ein schwerer
Sturm die Flotte. Eine venezianische Galeere erleidet
Schiffbruch und geht samt Besatzung unter. Andere
Schiffe verirren sich oder stranden. Doria kehrt wieder
nach Sizilien zurück, Colonna und Zane zunächst nach
Kreta, dann nach Korfu. Am Ende des Jahres 1570
herrscht Zwietracht im Lager der Verteidiger des Christen-
tums.

**„Der Bund zwischen Wasser und Feuer": der Vertrag
der Heiligen Liga zwischen Venedig, Spanien und dem
Papst gegen die Türken.**

Die Waffenruhe im Winter begünstigt immerhin die Verhandlungen. Auch die Nachricht von der Abreise der aus
250 bis 300 Schiffen bestehenden türkischen Flotte beschleunigt die Unterzeichnung des Vertrages der Heiligen
Liga am 19. Mai 1571. Die beiden Hauptvertragspartner,

Eine Schlacht mit
türkischen Galeeren
auf dem Mittelmeer:
Die türkische Flotte ist
mit der anderer europäi-
scher Staaten vergleich-
bar. Der einzige Unter-
schied besteht darin,
daß sie einen größeren
Anteil an leichteren
Ruderbooten wie Galeo-
ten und *Feluken* hat,
die sich noch besser für
Beutezüge entlang der
Küste eignen. Die Erfolge
der Osmanen erklären
sich vor allem durch
die zahlenmäßige Über-
legenheit ihrer Schiffe.

Venedig und Spanien, kommen mit dem Papst, der Mehrzahl der italienischen Staaten und dem Malteserorden
überein, sich zusammenzuschließen, um „den Türken zu
vernichten und zu ruinieren". Die vereinigten Streitkräfte
sollen der Führung von Don Juan d'Austria unterstellt
werden. Dieser uneheliche Sohn Karls V. und Halbbruder
Philipps II. hat sich gerade durch die Niederschlagung des
Aufstands der Morisken, der maurischen Bevölkerung
Südspaniens, profiliert.

Angesichts der Wucht der neuen osmanischen Offen-
sive zögern die Streitkräfte der Liga mit dem Abmarsch.
Fünf Monate lang agiert die türkische Flotte ungestört im
Ionischen Meer, ohne auf Feinde zu stoßen. Wo die Soldaten an Land gehen, plündern, brandschatzen und verwüsten sie die Inseln und nehmen Tausende von Männern,
Frauen und Kindern gefangen. Es handelt sich eher um
einen riesigen Beutezug als um einen Eroberungskrieg. Je
mehr Beute die Truppen aber machen, desto mehr stumpft
die Kampfbereitschaft ab. Die Soldaten werden träge,
und die Frage ihrer Verpflegung beginnt sich immer dring-
licher zu stellen.

Seit 1500 herrscht zu Frühlingsbeginn immer große Unruhe in Sizilien, Kalabrien, Apulien und Neapel: Wird die türkische Flotte den Bosporus verlassen, und wenn ja, mit wieviel Schiffen und mit welchem Ziel? Die wildesten Gerüchte kursieren in den Städten und Dörfern, und Angst grassiert in Süditalien. Es gibt 200 türkische Schiffe, die das Kap Matapan umsegeln können. Manchmal sind die Gerüchte und Warnungen begründet: Die Türken gehen an Land, plündern, verwüsten alles und entführen jeden, der sich nicht rechtzeitig in irgendeiner Festung in Sicherheit bringen kann.

Schließlich erhält die türkische Flotte Order, in Cattaro an der albanischen Küste zu überwintern, zieht es aber vor, sich weiter nach Süden zurückzuziehen, in den Hafen von Lepanto, auf halbem Weg zwischen dem Golf von Patras und dem Golf von Korinth. Dies ist eine ausgezeichnete strategische Position im südlichen Griechenland, die früher von Venedig gehalten wurde. Viele Offiziere und Janitscharen nehmen Heimaturlaub und kehren nach Hause zurück, als wäre der Feldzug schon beendet. Die osmanischen Befehlshaber erwarten für den Winter keinen Angriff der „Ungläubigen".

Der Sultan wünscht aber, daß man, wann immer sich die „verfluchte" Flotte zeige, ihr in einer Schlacht entgegentrete.

Auch im christlichen Lager ist die vollkommene Vernichtung der türkischen Flotte von nun an erklärtes Ziel. Diese klare Linie löst aber nicht die Schwierigkeiten der Führung und das Problem der Truppenstärke. Die schwere Kriegsmaschinerie hat sich langsam in Bewegung gesetzt. Die Ausarbeitung der Marschbefehle und die letzten Vorbereitungen erfordern noch drei Wochen.

Die Flotte, mit der „Reale" Don Juans an der Spitze, lichtet am 16. September 1571 die Anker.

Sie hißt die Standarte der Heiligen Liga und defiliert am päpstlichen Nuntius vorüber, der ihr an der Hafenausfahrt von Bord einer Brigantine aus seinen feierlichen Segen gibt. Die Flotte kommt nur sehr mühsam voran, überquert langsam den Golf von Tarent, umsegelt die italienische Halbinsel, überwindet die Meerenge von Otranto und geht schließlich am 26. September in Korfu vor Anker.

Die Insel ist bis auf die Zitadelle von den Türken verwüstet worden. Der Anblick der Trümmer erregt Wut und Entrüstung bei dem venezianischen Admiral Sebastiano Veniero, der diesen Ort hatte verlassen müssen, um in Messina tatenlos auf neue Befehle zu warten. Er ist verbittert über die Gegenschläge und Verzögerungen, an denen seiner Ansicht nach nicht nur der Gegenwind schuld ist. Der Aufenthalt in Korfu ist gekennzeichnet von Zwischenfällen, die die Spannung unter den Verbündeten auf einen Höhepunkt treiben. Das lange Warten verheißt nichts Gutes. Es scheint aber zu gefährlich, die Reise fortzusetzen, ohne die genaue Position der türkischen Flotte zu kennen.

Gil d'Andrada, der Kommandeur von Malta, wird mit vier der besten Galeeren als Kundschafter vorausgeschickt. Es gelingt ihm schließlich, die Türken im Hafen

Sebastiano Veniero löst zu Beginn des Jahres 1571 Girolamo Zane an der Spitze der venezianischen Flotte ab. Der vitale Siebzigjährige gibt der Flotte, was ihr bislang gefehlt hat: den Willen, dem Gegner die Stirn zu bieten, und die Besessenheit, ihn zu besiegen.

von Lepanto ausfindig zu machen. Daraufhin verläßt die Flotte der Heiligen Liga Korfu am 3. Oktober mit Kurs nach Süden und wirft am folgenden Tag vor der Insel Kephallenia Anker. Dort trifft die Nachricht von der Besetzung Famagustas ein, der letzten christlichen Stellung auf Zypern. Die Menschen in der Garnison und der Gouverneur selbst sind bestialisch ermordet worden. Auch die Türken haben über die Bewegungen der christlichen Schiffe ihre Erkundigungen eingezogen. Der Seeräuber Kara Hodscha dringt sogar heimlich eines Nachts mit seiner schwarzgestrichenen *Galeote* in den Hafen von Messina ein, um die feindlichen Schiffe zu zählen.

Die Türken wissen jetzt, daß Don Juan den entscheidenden Schlag beabsichtigt. Alle notwendigen Maßnahmen zum Sammeln der Truppen werden ergriffen. Sogar aus den Küstenfestungen in Griechenland und Albanien ziehen die Osmanen Kräfte ab, und mit Aushebungen im Hinterland vervollständigt man die Rudermannschaften. „Alle verfügbaren Leute sind eingezogen worden", sagt ein türkischer Gefangener aus, „nur die Frauen hat man zurückgelassen, um die Häuser zu verschließen."

Die Verbündeten der Liga haben 208 Galeeren und sechs Galeassen – große, für den Krieg umgerüstete Handelsgaleeren – zusammengezogen. Mehr als die Hälfte der Schiffe ist venezianischen Ursprungs, was die enormen Anstrengungen der Republik deutlich macht. Die Italiener bauen und rüsten drei Viertel der Galeeren aus. Don Juan hat aus dem unheilvollen Feldzug des Jahres 1570 seine Lehren gezogen: Es gibt keine Einteilung in päpstliche, venezianische und spanische Geschwader mehr, sondern eine einzige Flotte, unterteilt in drei Kampfkorps, die jeweils aus Galeeren sämtlicher Verbündeten bestehen.

Der Überzahl der osmanischen Galeeren setzen die Verbündeten der Heiligen Liga starke Geschütze entgegen.

Am Sonntag, dem 7. Oktober 1571, erreicht die Flotte der Heiligen Liga bei Tagesanbruch den Eingang des Golfs von Patras, wo die Späher bereits die ersten entgegenkommenden türkischen Schiffe erkennen. Die Osmanen rechnen erst außerhalb des Golfs auf der Höhe von Kephallenia mit dem Feind. Da sie mit Rückenwind fahren, können sie sich bequem über die ganze Bucht verteilen, während die christlichen Schiffe, eingeengt zwischen der Insel Oxia und der Landzunge von Scropha im Norden, wesentlich schwerer vorankommen. Im Lager der Liga läßt das Erscheinen des Feinds endlich alle Uneinigkeiten vergessen.

**Es ist fast Mittag, als sich die beiden Flotten gegen-
überstehen. Die Galeeren Don Juans und des Kaptan
Ali Pascha schießen Salut.**

In der Bucht ist gewaltiges Geschrei zu hören. An den
Gegner gerichtete Beleidigungen, Flüche und Verwün-
schungen vermischen sich mit dem ohrenbetäubenden
Lärm von Trompeten, Trommeln, Pfeifen und Kastagnet-
ten. Die türkischen Galeeren gehen in geschlossener For-
mation zum Angriff über. Die schweren *Galeassen*, die
vor die Schlachtlinie geschleppt werden, fangen ohne
Mühe den ungestümen ersten Angriff mit leichten Geschützen ab. Ihr anhaltendes Feuer auf die türkischen Galeeren
stiftet Verwirrung, und deren Schiffe müssen unbedingt
die Schußlinie durchbrechen, um den Feind zu erreichen.
Der Kampf spielt sich an drei Stellen zugleich ab.

Die 60 Schiffe des rechten türkischen Flügels, angeführt vom Pascha von Alexandria, Mohammed Schuluk, und vom Seeräuber Gavur Ali, versuchen nördlich des Golfs die Flotte der Heiligen Liga zu überwältigen, indem sie sie so weit wie möglich an die Küste drängen.

Agostino Barbarigo, der Kommandant des linken Flügels der christlichen Flotte, durchschaut die Absicht des Manövers und befiehlt seinen Galeeren, eine Kehrtwendung zu machen. Er wird von den beiden Galeassen der Gebrüder Bragadin unterstützt, die die türkischen Galeeren auf Sandbänke und Klippen abdrängen. Derart in die Falle gegangen, verlassen die Türken ihre Schiffe und flüchten schwimmend in Richtung Ufer. Der rechte osmanische Flügel verliert bei diesem Manöver fast die gesamte Besatzung.

Die osmanische Flotte besteht aus 230 Galeeren und etwa 60 Galeoten. Sie breitet sich zunächst sichelförmig aus, um sich dann auf zwei Flügel zu verteilen, den Kern und die Nachhut. Man kann beobachten, daß der türkische Nachschub in der Hauptsache aus leichten Einheiten besteht, während sich die stärkere christliche Reserve, bestens mit Truppen ausgerüstet, aus etwa 60 Galeeren zusammensetzt. Die Werften am Bosporus, in den Dardanellen und am Schwarzen Meer haben mindestens die Hälfte der türkischen Schiffe geliefert; der Rest stammt aus den verschiedenen Seeprovinzen des Reichs: Kilikien, Syrien, Ägypten, den Ägäischen Inseln, Griechenland, Tripolis und Algier.

LA MERAVIGLIOSA, E GRAN VITORIA, DATA, DA DIO A CRISTIANI

Z usätzlich zu den
Fahnen und Wappen
ihrer jeweiligen Herr-
scher tragen die Schiffe
der Liga Erkennungs-
zeichen, die auf ihre
Stellung in der Kampf-
ordnung hinweisen. Der
rechte Flügel unter dem
Kommando von Gian
Andrea Doria ist an den
kleinen Wimpeln aus
grünem Taft zu erken-
nen, die Einheiten des
linken Flügels unter
Agostino Barbarigo an
den gelben Flaggen. Die
Reserve, die von Alvaro
de Bazans befehligt
wird, unterscheidet sich
durch Flaggen aus wei-
ßem Taft. Die Galeeren
Don Juans haben blaue
Fahnen gehißt. Die Ad-
miralsgaleere wird von
den Kapitänsschiffen der
anderen Staaten (Vene-
dig, Vatikan, Savoyen,
Spanien, Malta) flan-
kiert.

Der linke christliche Flügel, der vor allem aus Venezianern besteht, muß den Einsatz jedoch teuer bezahlen: Mitten im Gefecht wird Agostino Barbarigo von einem Pfeil ins linke Auge tödlich getroffen.

Am anderen Ende der Front bemerkt Uludsch Ali, der Bey von Algier, daß sich sein Gegner Admiral Gian Andrea Doria durch einen unerklärlichen Fehler, den manche später als Verrat auslegen, zu weit von den anderen entfernt hat und nicht mehr die rechte Flanke der christlichen Armee deckt. Der berberische Pirat fällt in die dadurch enstandene Öffnung ein und umzingelt den Gegner, der es nun mit einer fünffachen Übermacht zu tun hat. Das Admiralsschiff von Malta muß alleine den Sturmangriff von sieben osmanischen Galeeren über sich ergehen lassen und weicht vor der Überzahl zurück. Doch die sizilianischen Galeeren, und später auch die Reserve, eilen zu Hilfe; schließlich auch das Geschwader von Doria, der eine Kehrtwendung gemacht hat und seinen Fehler wieder gutzumachen versucht.

Vielleicht ist es die Feuerkraft der Liga-Schiffe, die die Entscheidung herbeiführt. An Bord der Galeassen befinden sich jeweils 500 Arkebusenschützen, auf den Kapitäns- oder Admiralsgaleeren 250 bis 300, und auf den übrigen Galeeren mindestens 100. Hingegen scheinen auf den türkischen Schiffen nur die Janitscharen mit Feuerwaffen ausgerüstet zu sein. Das Gros der Truppe begnügt sich mit Pfeil und Bogen.

Da das Kräfteverhältnis nicht mehr zu seinen Gunsten spricht, zieht Uludsch Ali es vor, die meisten seiner Schiffe in Sicherheit zu bringen und vom Gegner abzulassen.

Ein ungeheueres Gemetzel: Die entscheidende Phase der Schlacht findet in der Mitte statt.

Es scheint nun keinen Ausweg mehr zu geben. In zahlreichen erbitterten Zweikämpfen schlachten sich die Feinde gegenseitig ab. Sie kämpfen mit allem, was ihnen in die Hände kommt. „Die Schlacht nimmt absurde Züge an, so daß man an vielen Orten die Männer ebenso lachen wie weinen sehen kann." Heldentaten werden vollbracht, aber es gibt auch eher komische Szenen, die den erbitterten und mörderischen Kampf ein wenig aufhellen. So erzählt man von einem „Helden", der sich nach der Schlacht den Kopf mit einem Tuch verbindet und mit seinen vermeintlich großen Taten prahlt, sich in Wirklichkeit aber

Auf einer türkischen Galeere ohne Munition bemerkt ein italienischer Augenzeuge Soldaten, „die mit Zitronen und Orangen werfen, wovon sie eine große Menge haben (…), und die einige der unseren, um sich über sie lustig zu machen, zurückwerfen."

in der Kajüte unter einem Stapel alter Matratzen versteckt hatte.

Die Schlacht entscheidet sich erst, als die Galeere des türkischen Admirals umzingelt wird und der Admiral selbst seinen Verletzungen erliegt oder Selbstmord begeht. Der Tod des Kaptans und die Einnahme seiner Galeere, auf der nun das Banner der Liga weht, entmutigt den Rest der osmanischen Flotte, die schon an beiden Flanken erheblich angeschlagen ist. Die türkischen Galeeren, die noch entkommen können, treiben in den Hafen von Lepanto zurück. Die Verluste der Schlacht sind enorm: ca. 8000 Tote und 20000 Verletzte im Lager der Liga, zwischen 20000 und 30000 Opfer auf seiten der Osmanen.

Ein Augenzeuge berichtet: „Das Wasser ist mit unzähligen Leichen bedeckt, deren Blut das Meer rot färbt."

Auch wenn die Türken diese wichtige Schlacht verlieren, bleiben sie im Krieg um Zypern doch die Sieger.

Die Heilige Liga, in der es am Tag nach der Schlacht wegen Rivalitäten unter den Führern schon wieder zu Zerwürfnissen kommt, zeigt sich unfähig, aus dem Sieg Nutzen zu ziehen, während sich das Osmanische Reich schon sehr bald über die Niederlage hinwegsetzt. Im Sommer 1572, nur ein Jahr nach der Schlacht von Lepanto, demonstriert eine türkische Flotte unter dem Kommando des neuen Kaptan Pascha Uludsch Ali mit 250 Galeeren und acht Galeassen ihre Macht auf dem östlichen Mittelmeer. Venedig gibt wieder einmal nach und läßt sich auf Verhandlungen mit dem Sultan von Istanbul ein. Schließlich zahlt die Serenissima einen Tribut von 300 000 Dukaten – und Zypern bleibt in türkischer Hand.

„Es gibt einen großen Unterschied zwischen Eurer und unserer Niederlage", sagt der Großwesir zum Dogen von Venedig. „Indem wir Euch das Königreich Zypern entrissen haben, haben wir Euch einen Arm abgenommen; indem Ihr unsere Flotte geschlagen habt, habt Ihr uns nur den Bart abrasiert. Der Arm wächst nicht wieder nach, aber der Bart wächst nun um so dichter."

Was hat die Schlacht von Lepanto bewirkt? Trotz ihrer schmählichen Niederlage behalten die Osmanen ihre Stellungen an der Westküste Griechenlands, die ja nur wenige Meilen von Süditalien entfernt ist. Mit der Eroberung von Tunis 1574 durch Uludsch Ali vergrößern sie sogar noch ihren Einfluß in Nordafrika. Die Schlacht von Lepanto hat aber, und hierin liegt ihre Bedeutung, das Bild der unbesiegbaren türkischen und berberischen Seestreitkräfte zerstört. Nach Lepanto leidet die christliche Bevölkerung des westlichen Mittelmeers nicht mehr unter den moslemischen Überfällen, die sie mehr als ein halbes Jahrhundert in Angst und Schrecken versetzt haben.

VIERTES KAPITEL

DIE STRÄFLINGE DES SONNENKÖNIGS

Gegen Ende des 17. Jahrhunderts besitzt Frankreich die mächtigste Galeerenflotte auf dem Mittelmeer. Zehntausende von Männern werden den Träumen des Sonnenkönigs von Glanz und Weltherrschaft geopfert: Zu den Menschen, die nach dem Strafgesetz zum Sklavendienst verurteilt werden, gehören Schwerverbrecher, kleine Diebe und Landstreicher, aber auch Deserteure, Schmuggler und Protestanten, die ihrem Glauben nicht abschwören wollen. Die einst mächtigen Galeeren sind – nicht nur in Frankreich – zu grausamen Gefängnissen verkommen.

Anläßlich des Besuchs des Marquis de Seignelay, Sohn Colberts und Staatssekretär der Marine in Marseille, will man die Venezianer von einst übertreffen, indem man versucht, innerhalb von 24 Stunden eine Galeere zusammenzubauen und zu betakeln.

Auch wenn die Galeeren des 17. und 18. Jahrhunderts weiterentwickelt, d. h. besser betakelt und bewaffnet werden als ihre Vorgänger im Mittelalter, so übertreffen sie doch nicht mehr, wie früher, die Rundschiffe, die vor allem entscheidend besser bewaffnet sind. Die Seiten dieser großen Segelschiffe sind mit zahlreichen Schießscharten versehen, durch die Dutzende schwerer, auf mehreren Ebenen angeordneter Kanonen herausragen. Ihre gewaltigen Salven vernichten den Gegner auch aus größerer Entfernung. Dennoch gibt es weiterhin Galeeren.

„Es gibt nichts, was die Größe eines Herrschers besser dokumentiert, als eine große Galeerenflotte", schreibt Jean-Baptiste Colbert im Jahr 1665.

Nach Ansicht seines Marineministers kann Ludwig XIV. (1643 – 1715) kein großer Monarch werden und den anderen Mittelmeerländern Respekt einflößen, ohne die beste und stärkste Galeerenflotte zu besitzen. Auf dem Gipfel seines Ruhms, etwa zwischen 1690 und 1700, zählt die Galeerenflotte 40 Einheiten mit 12 000 Ruderern, 3 000 Offizieren und Matrosen und 4 000 Soldaten.

Hinter dem Heck der Galeeren sind fast auf Wasserhöhe goldene Skulpturen angebracht. Die Motive sollen zeigen, daß der Sonnenkönig die Erhabenheit des Jupiter, die Kraft des Herkules, die Unbesiegbarkeit Alexanders und die Großherzigkeit des Augustus besitzt. Die protestantischen Sträflinge der „Heroine" dienen auf einer Galeere, auf deren Heckpaneel eine Allegorie der Aufhebung des Edikts von Nantes abgebildet ist.

In Friedenszeiten spielt die Galeerenflotte Ludwigs XIV. einerseits eine repräsentative, andererseits eine abschreckende Rolle. Sie verleiht Frankreich politisches Prestige und dient der Erhaltung seiner Hegemonie auf dem Mittelmeer. In Kriegszeiten wird sie zur Verstärkung bei Seeschlachten herangezogen, die noch in Küstennähe stattfinden. Diese Aufgabe könnten auch 20 Galeeren erfüllen. Aber wegen seines Machthungers muß der Sonnenkönig eine Flotte von 40 Galeeren besitzen.

Sklaven und Strafgefangene ersetzen die freien Ruderer des Mittelalters.

Beim Aufbau einer großen Galeerenflotte stellt sich zunächst das Problem der Rekrutierung von Ruderern. Man benötigt mindestens 260 Ruderer auf einem normalen Schiff und 450 auf den Galeeren des Generals und des Generalleutnants. Die Männer am Ruder, die man ab jetzt nicht mehr mit der Mannschaft der freien Matrosen verwechseln darf, werden verächtlich „chiourmes", Ruderknechte, genannt. Dazu gehören drei Kategorien von Männern: Sklaven, Freiwillige und Sträflinge.

Die Galeeren werden häufig mit kostbaren Stoffen von barocker Pracht ausgestattet. Man braucht gegen Ende des 17. Jahrhunderts nicht weniger als 239 Ellen Brokat, 360 Ellen roten Samt und 2 820 Ellen scharlachroten Damast, um Zelte, Vorhänge, Sonnenschirme, Wimpel, Fahnen und Flaggen einer französischen Admiralsgaleere zu nähen.

Die Sklaven werden in Livorno, in Venedig, auf Malta, auf Mallorca oder in Cagliari auf Sardinien gekauft. Man nennt sie auch einfach „Türken", denn die Mehrzahl kommt aus den Provinzen und Kolonien des Osmanischen Reichs. Sie sind meist Moslems, ebenso wie die Gefangenen auf moslemischen Galeeren Christen sind. Viele Sklaven auf den französischen Galeeren kommen aus Nordafrika: Seeräuber, aber auch einfache Fischer, Seeleute oder Pilger auf dem Weg nach Mekka. Der Staatssekretär der Marine ist immer in Verbindung mit Menschenhändlern. Er verfolgt genauestens die Bewegungen auf den Sklavenmärkten im Mittelmeerraum und informiert sich über das Angebot und die Preise. Gesandte und Konsuln Frankreichs sind zugleich Vermittler von Sträflingen und erhalten Provisionen für die Lieferung von Rudersklaven.

Es gibt sogar irokesische Ruderer.

Aus Mangel an Türken beginnt man, nach anderen Lösungen zu suchen. Daher greift der französische König auf eine in der Zeit weitverbreitete Methode zurück, um Arbeitskräfte zu beschaffen: Er kauft Schwarze aus Guinea, die auf den Galeeren zunächst „akklimatisiert" und dann weithin eingesetzt werden sollen. Doch die ungewohnte Kälte und die miserable Behandlung läßt die Zahl dieser Unglücklichen schnell schrumpfen. Schließlich wird die Idee aufgegeben, und die Überlebenden werden an Plantagenbesitzer auf den Antillen weiterverkauft.

Ungefähr 20 % der Rudersträflinge Ludwigs XIV. sind Sklaven. Sie werden meist auf dem anstrengendsten Platz auf der Ruderbank eingesetzt und bilden die Elite der Truppe.

„Zwei Ecus im Monat in diesem Land und Brot, das zur Zeit teuer ist, führen leicht dazu, daß man seine Freiheit verkauft. Das Elend und die Galeeren haben ihren Reiz und ihre Verlockung, und die Faulpelze, Nichtstuer und Übeltäter mögen darin wohl ihresgleichen finden. (...) Selbst wenn sie nicht verurteilt wurden, verurteilen sie doch sich selbst. Diese Art Leute täuscht sich leicht, und solange es nur ein oder zwei Mal im Monat etwas zu trinken gibt und ihr Bedürfnis nach Tabak und Glücksspielen erfüllt wird, erleiden sie dafür sogar freiwillige Sklaverei und die Hiebe der Peitsche."

Nicolas Arnoul, Generalintendant der königlichen Galeeren

Unter allen abwegigen Versuchen, die Rudertruppen aufzustocken, muß man wohl die Verwendung von irokesischen Kriegern auf den Galeeren des Sonnenkönigs besonders hervorheben. Sie werden vom Grafen de Denonville, dem Gouverneur Neufrankreichs, eingefangen. Da aber ihre Stämme die französischen Einrichtungen bedrohen, beeilt man sich, die irokesischen Häuptlinge auf dem schnellsten Weg von den Galeeren im Mittelmeer wieder in ihre Heimat zu schaffen. Im Frühling 1689 werden 21 von ihnen in Rochefort zur Rückreise eingeschifft. Der Staatssekretär der Marine läßt ihnen die größte Zuvorkommenheit angedeihen: „Tragen Sie dafür Sorge, daß sie bekleidet werden, und nehmen Sie, ohne große Ausgaben zu machen, auf ihre Wünsche Rücksicht.

Ihre Majestät geruht, sich dieser Wilden zu bedienen, um mit ihren Landsleuten Frieden zu schließen, und ist nicht gewillt, diesen Krieg in der gegenwärtigen Form fortzuführen."

Die „bonevoglies" – wörtlich: „die, die gerne wollen" – haben mit richtigen Freiwilligen nur noch den Namen gemein. Man spricht auch von „Kettenfreiwilligen", denn

Nicolas Arnoul schlägt vor, „Nichtstuer und sonstige Streuner" als Ruderer nach Marseille zu schicken. „Das würde die Welt vom Abschaum befreien, der ihr sehr zur Last fällt." Arnouls Projekt wird teilweise von Colbert wieder aufgegriffen, als er die Gerichte anhält, so oft wie möglich die Galeerenstrafe zu verhängen.

ihre Arbeitsbedingungen ähneln eher denen der Rudersträflinge als denen der freien Besatzung. Sie müssen
„rasiert sein, rote Kleidung tragen und wie die Sträflinge
auf den Bänken und Plätzen die Ruder bedienen, die der
Comes ihnen zuweist". Sie werden wie die Sklaven und
Verurteilten geprügelt und gedemütigt. Wenn sie sich
beim Glücksspiel oder Trinken verschulden, werden sie
auf der Galeere angekettet. Da der Beruf des Ruderers
keine Anreize mehr bieten kann, werden die Bonevoglies
um 1680 zu richtigen Seeleuten erklärt. Sie sind jetzt
weder rasiert noch angekettet und müssen nicht mehr die
rote Kleidung tragen. Sie werden nur gelegentlich zur
Verstärkung am Ruder eingesetzt, vor allem aber zur
Bedienung des Steuers der Galeere und bei der Wasser-
und Holzversorgung, Arbeiten, bei denen man auf freie
Männer angewiesen ist. Im Fall einer Schlacht halten
sie mit dem Säbel in der Hand die Rudertruppe in
Schach.

Die Rudermannschaften des Sonnenkönigs bestehen zu vier Fünfteln aus Sträflingen.

Weder Sklaven noch Freiwillige decken den Bedarf an Ruderern der Flotte. Die Einführung des Dienstes auf der Galeere als Strafe kommt gegen Ende des 15. Jahrhunderts auf. Denn alle Staaten, die über eine Galeerenflotte verfügen, haben zunehmend Schwierigkeiten, ihre Ruderbänke mit freien Männern zu besetzen.

Zur Zeit der Italienkriege schöpfen in Frankreich Franz I. (1515–1547) und Heinrich II. (1547–1559) für ihre Zwangsbesatzungen aus dem Reservoir der Gefängnisse, aus denen die Männer oft ohne Verurteilung abgezogen werden. In Friedenszeiten oder im Fall eines Bürgerkriegs wird die Suche nach Galeerensklaven ebenso rasch wieder eingestellt. Die Erhaltung einer permanenten Flotte erfordert jedoch die regelmäßige Rekrutierung einer großen Anzahl von Ruderern. Als Jean-Baptiste Colbert die Angelegenheiten der Marine in die Hand nimmt, ist es deshalb eines seiner ersten Anliegen, Richter einzustellen, die „so viel Kriminelle wie irgend möglich" zur Galeerenstrafe verurteilen.

Tausende von Sträflingen lösen sich auf den französischen Ruderbänken ab: In den Jahren 1680 bis 1715, der Blütezeit der Flotte, sind es 38 000, während der Regentschaft und Regierungszeit Ludwigs XV. (1715–1748), unter dem das Korps schließlich aufgelöst wird, immer noch 22 000.

Neben kleinen Dieben und Schmugglern, die nur aus Not straffällig geworden sind und deren Zahl in Krisenzeiten zunimmt, nehmen die Galeeren auch Verbrecher größeren Formats auf, vor allem Rückfällige, die schon einmal gebrandmarkt wurden und keine Hoffnung auf Freilassung haben.

Wer sind die Galeerensträflinge? Kleine Diebe, Schmuggler, Deserteure und Protestanten.

Der Salz- und Tabakschmuggel wird damals wie ein schweres Delikt bestraft, denn er schmälert den Gewinn aus dem Salzhandel, den der König und mächtige Finanzleute beanspruchen. Für den Staat stellt die Salzsteuer eine Haupteinnahmequelle dar, da er 95 % Gewinn daraus erzielt. Pächter bürgen für die Eintreibung dieser Steuern und machen damit ebenfalls viel Geld.

Die direkte Nachbarschaft von Ländern mit hoher Salzsteuer, wie etwa Maine und Anjou, wo das lebenswichtige Produkt 30mal teurer ist als in der Bretagne, eine der steuerfreien Provinzen, verleitet geradezu zum Salzschmuggel. Man übertrage die Situation einmal auf die Benzinpreise in der heutigen Zeit.

Wer von den Zöllnern gefaßt wird, riskiert äußerst schwere Strafen. Wer beim Salzschmuggel mit dem „Sack auf dem Rücken" erwischt wird, kassiert im Wiederholungsfall sechs Jahre Galeere. Der Transport von „schwarzem" Salz zu Pferd oder per Wagen wird beim ersten Mal mit drei Jahren Galeere oder mit einer Geldstrafe in Höhe von 300 Pfund, beim zweiten Mal mit neun Jahren Galeere bestraft. Auf organisierten und bewaffneten Schmuggel stehen neun Jahre Galeere, im Wiederholungsfall die Todesstrafe. Das gleiche gilt für Tabakschmuggel. Diese Strafen werden strikt gehandhabt, wovon die Tatsache zeugt, daß zwischen 1680 und 1748 11000 Salz- und 5000 Tabakschmuggler nach Marseille auf die Galeeren geschickt werden.

Auch die Deserteure der königlichen Armee werden dort gefangengehalten. Ihnen werden Nase und Ohren abgeschnitten, und man brennt ihnen zwei „fleurs de lis", die Lilien des französischen Wappens, auf die Wangen.

„Man fragte mich, ob ich nicht in die Messe gehen wolle. Ich antwortete demütig und respektvoll, ich würde allem, was man mir befehlen würde, gehorchen, vorausgesetzt, es gehe nicht gegen meinen Glauben. (…) Zur Galeerenstrafe verurteilt, legte man uns eine Halskette um, die uns mit der großen Kette verband. (…) Was mich erbost, ist, daß ich unserem großen Monarchen, dem ich vorher von Angesicht zu Angesicht diente, jetzt rücklings dienen muß."
David de Caumont,
Baron de Montbeton

Ein alter Offizier beschreibt denjenigen, die Deserteure für schlechte Staatsbürger halten und ihnen Ungehorsam und Faulheit vorwerfen, die Situation der Soldaten: Der Sold wird nicht bezahlt, die Nahrungsrationen sind verdorben, und beim geringsten Vergehen gibt es körperliche Züchtigungen. Die Kriege im Jahrhundert Ludwigs XIV. haben die Zahl der Desertionen vervielfacht. Nur ein kleiner Teil dieser Deserteure wird gefaßt und zur Galeerenarbeit verurteilt. Aber diese Anzahl reicht dennoch aus, um die Rudermannschaften des Königs mit vielen jungen Männern zu versorgen. Zur Zeit des Sonnenkönigs ist nahezu jeder zweite Sträfling ein Deserteur mit den Lilien auf den Wangen.

1 550 Protestanten werden gefangengenommen, weil sie ihrem Glauben nicht abschwören wollen. Im Oktober 1685 wird das Edikt von Nantes aufgehoben. Die Hugenotten versuchen, aus Frankreich zu fliehen, um in einem anderen, liberaleren Land Zuflucht zu finden. Das königliche Gesetz behandelt alle, die sich öffentlich zur reformierten Kirche bekennen, als Verbrecher und bedroht die Hugenotten mit lebenslänglicher Galeerenstrafe. „Man kann die Ketzer nur mit Zwang bekehren", schreibt Lamoignon de Baville, der oberste Verwaltungsbeamte des Languedoc. Alle Verdächtigen werden festgenommen, ganz gleich, ob es sich um Flüchtlinge handelt, die gerade die Grenze des Königreichs überschreiten wollen, um Gläubige, die beim gemeinsamen Gebet überrascht werden, oder um Bauern, denen Komplizenschaft mit

den *Kamisarden* vorgeworfen wird. Man versucht vor allem die Führer der Bewegungen zu fassen, die keinen Respekt vor den Richtern zeigen und die Priester, die sie bekehren wollen, zum Teufel wünschen. „Wir waren Staatsverbrecher", bemerkt der protestantische Häftling Jean Marteilhe.

Die nach dem Recht Verurteilten, die „richtigen" Kriminellen, machen in der Zeit Ludwigs XIV. ungefähr ein Drittel, unter Ludwig XV. die Hälfte der Sträflinge aus. Unter ihnen sind wenige Kapitalverbrecher, sondern vor allem kleine Gauner und Diebe. Bereits der Diebstahl von Gemüse, eines Honigtopfes oder eines Hemdes genügt, um jemanden zum Galeerensträfling zu machen. Das gleiche Schicksal trifft Bettler, Landstreicher und Zigeuner, wenn sie körperlich kräftig genug aussehen.

D as Gefängnis des Ancien Régime dient nicht dem Strafvollzug, sondern ist nur der Ort, an dem die Angeklagten das Ende ihres Prozesses abwarten. Der Generalintendant Michel Begon klagt darüber, „wie wenig man sich in den Gefängnissen des Königreichs um die Galeerensträflinge kümmert, die man in ungesunden und stinkenden Kerkern elend verkommen läßt".

Für diejenigen, die in den Gefängnissen auf ihren Abtransport nach Marseille warten, beginnt die Strafe schon lange vor der Ankunft auf den Galeeren.

Das Urteil über die Situation in den Gefängnissen, in denen die Sträflinge auf ihren Weitertransport warten, lautet überall gleich: „Dreck und Pest" in Bordeaux, „Gestank und Dreck" in Dunkerque, „Überfüllung und Fieber" in Grenoble. In den Gefängnissen von Saumur, Tours und Angers, in denen Salzschmuggler einsitzen, „bekommt man einen Vorgeschmack auf die Hölle", bemerkt ein Zeitgenosse.

Die Gefangenen im Turm des heiligen Bernhard in Paris haben es etwas besser. Die Nähe von Parlament, oberstem Gericht und königlichem Hof sowie das Vorhandensein von karitativen Einrichtungen in der Hauptstadt geben den Gefangenen eine

Der Kauf von Sklaven für die Galeeren beunruhigt das christliche Gewissen der Machthaber kaum und wird durch eine einfache Idee gerechtfertigt: „Ein jeder ist frei, sobald er den Boden des Königreichs betritt", schreibt im Jahr 1694 ein Angehöriger der Marine, „und nur für Türken und Mauren, die zum Galeerendienst nach Marseille geschickt werden, gilt dieses Gesetz nicht. Denn sie werden in Ländern gekauft, in denen diese Art von Handel etabliert ist."

gewisse Garantie für eine erträglichere Unterbringung.
Aber auch dort herrschen keine idealen Zustände. In
einem großen, runden Saal sind 300 Männer mit dem
Hals an Balken angekettet. Die Länge der Ketten ist so
bemessen, daß die Gefangenen weder aufrecht stehen,
sitzen, noch sich ganz ausstrecken können. Barmherzige
Schwestern laufen umher und verteilen Suppe und Brot.
Wer aufbegehrt, erhält von den Wärtern Peitschenhiebe.

In seinen Memoiren beschreibt der ehemalige
Galeerensträfling Jean Marteilhe, wie die Gefangenen
auf den Fußmarsch nach Marseille vorbereitet
werden: „An jenem Tag ließ man uns aus dem
Gefängnis heraus und in einen geräumigen Hof
treten. (…) Man legte uns paarweise eine große
Kette um den Hals, die drei Fuß lang war und
einen Ring in der Mitte hatte. Alle wurden in
einer Zweierreihe hintereinander aufgestellt;
dann wurde eine lange Kette durch alle Ringe
gezogen, so, daß wir schließlich alle aneinandergekettet waren."

Demütigungen, Elend, Erschöpfung: Die Reise quer durch Frankreich ist wohl „die schwerste Strafe für die Verurteilten".

Die Sträflinge aus der nördlichen Hälfte Frankreichs werden der „Kette aus Paris" hinzugefügt. Zwei Wochen, darunter drei Ruhetage, dauert die Reise zu Fuß nach Dijon. Die täglichen Etappen betragen also 23 bis 25 km. Drei oder vier Tage später erreichen die Sträflinge Chalon, wo sie auf Schiffen auf der Saône weitertransportiert werden. In Lyon überquert „die große Kette" den Fluß und fährt auf flachen Booten bis Avignon die Rhône hinunter. Diese Fahrt, oft mörderisch wegen der Kälte, dauert etwa zehn Tage. Die letzten 100 km ab Avignon werden in einem viertägigen Fußmarsch bewältigt. Die Reise vom Gefängnisturm des heiligen Bernhard bis zu den Toren Marseilles dauert insgesamt über einen Monat. Die Sträflinge legen dabei etwa 500 km zu Fuß, den Rest per Schiff zurück.

Die „bretonische Kette" durchquert Frankreich diagonal, von Rennes bis Marseille. Die Route dieses Gefangenentransports führt an den Ländern mit hoher Salzsteuer vorbei und entsorgt die Salzschmuggler-gefängnisse. In Rennes macht sie sich, nur mit den bretonischen Gefangenen, auf den Weg und erreicht über Angers und Saumur Tours. Dort kommen die Sträflinge aus Poitou, Maine und Orléans hinzu. Dann verläßt der Transport das Loiretal und setzt den Weg über das Cher- und das Aurontal fort. Der härteste Teil der Strecke liegt zwischen Roanne und Lyon, wo die angeketteten Sträflinge die Berge des Beaujolais überqueren müssen. Kaum in Lyon angekommen, geht es mit dem Schiff auf der Rhône weiter. Diese Reise dauert insgesamt sechs bis sieben Wochen. Wer ab Rennes dabei ist, legt 800 km zu Fuß zurück.

Die Sträflinge aus der Guyenne haben am wenigsten zu leiden. Die Verurteilten aus der Saintonge, der Gascogne, der Guyenne und Navarra starten in Bordeaux. In Toulouse geht es auf dem Canal du Midi bis Sète weiter, und von da an auf dem Landweg nach Marseille.

Zur Beschwerlichkeit des langen Marschs unter dem Gewicht der Ketten kommen noch andere Entbehrungen und die schlechte Behandlung hinzu. Die Verpflegung, ein Kanten Brot, ein Stückchen Käse und ein wenig schlechter Wein, erweist sich als vollkommen

Die 30 oder 40 Pfund, die der König den Hauptmännern der Gefangenentransporte für jeden lebendig in Marseille angelangten Sträfling auszahlt, ist für sie sicher nur ein Nebenverdienst, wenn auch allemal ausreichend, um die Kosten der Reise zu decken. Ihren Hauptgewinn erzielen die Kapitäne im Handel mit den Sträflingen und manchmal mit den Dorfbewohnern der Siedlungen, die auf dem Weg liegen.

unzulänglich. Die Sträflinge, die nicht ganz mittellos sind,
verschaffen sich für teures Geld Lebensmittel, wobei
Hauptmann und Wachen als Zwischenhändler fungieren;
die anderen verhungern. Die Gefangenen müssen die
Wachen bestechen, wenn sie von den Schlägen mit
Gewehrkolben oder Stock verschont werden wollen. Auch
die Fahrt auf einem Karren läßt sich arrangieren, wenn
die Sträflinge den Wärtern Geld zustecken können.

Das Vorbeiziehen eines Gefangenentransports erregt
nicht überall Mitleid. Jean Marteilhe hat die provenzali-
schen Frauen nicht vergessen, die er um etwas Wasser
bat und die ihm antworteten: „Lauf, lauf nur zu; dort, wo
du hingehst, wird es dir an Wasser nicht fehlen."

E in Galeerenoffizier
zieht Ende Oktober
1709 die traurige Bilanz
des Konvois, der gerade
aus der Hauptstadt ange-
kommen ist. „Die Kette
von Paris, bestehend
aus 398 Sträflingen, ist
hier letzten Samstag mit
237 Mann angekommen;
einen Tag zuvor kamen
schon vier Karren an,
die mit 52 Kranken und
zehn Toten beladen
waren."

FÜNFTES KAPITEL

IM HAFEN UND AUF SEE

Die Galeere prägt den Sträfling. An Bord des schwimmenden Kerkers, in dem die Verdammten zusammengepfercht sind, regiert die Gewalt. Folter und Schläge von den Comites sind an der Tagesordnung. Es wird geschmuggelt, gestohlen und betrogen. Bis in die Offiziersränge ist die Korruption verbreitet.

Zur Zeit Ludwigs XIV. beanspruchen die Galeeren am meisten Platz im Marseiller Hafen. Handelsschiffe und Fischerboote müssen sich den Rest des Hafenbeckens teilen.

Die Ankunft auf den Galeeren ist ein großer Schock für die „mit Eisen und Leid Beladenen", die schon von der Reise nach Marseille völlig erschöpft sind. Die meisten haben noch nie das Meer gesehen und noch nie den Fuß an Bord eines Schiffes gesetzt. Die neuen Sträflinge kommen zunächst auf die ehemalige Admiralsgaleere, die jetzt als Lagerschiff dient. Hier nimmt der Schreiber ihre Personalien auf. Die Verurteilten müssen Namen, Vornamen, den Namen der Eltern und gegebenenfalls den ihrer Frau, Alter, Geburtsort und Beruf angeben. Ein Kopist überträgt diese Daten in ein großes Register. Dazu kommen die Umstände ihrer Verurteilung – Datum, Vergehen, Urteilsspruch, Dauer der Strafe. Dann werden noch Größe, Augen- und Haarfarbe, Gesichtsform und andere besondere Kennzeichen der Häftlinge festgehalten. Jeder Sträfling erhält eine Nummer, die er während seiner gesamten „Laufbahn" behält. Eine ärztliche Untersuchung ergänzt die Aufnahme der Personalien. Oberarzt und Chirurg begeben sich an Bord des Depotschiffes, wo die Sträflinge erneut untersucht werden. „Man betastete uns überall", berichtet Jean Marteilhe, „nicht anders als fette Ochsen, die man auf dem Markt kauft."

Die zur Seefahrt tauglichen Männer werden, je nach Bedarf, auf die verschiedenen Galeeren verteilt. Die alten und kranken Sträflinge läßt man entweder auf einer ausgedienten Galeere verkommen oder sperrt sie in der Manufaktur im Hafen ein. Oft schickt man diese „überflüssigen Esser" in die Karibik.

Sobald die Sträflinge an Bord sind, werden sie dem Barbier übergeben, der ihnen die Köpfe kahlschert. Die normale Kleidung, die mancher schon voreilig irgendeinem Schieber unter den Gefangenen verkauft hat, muß abgegeben werden. Die Garderobe eines Sträflings umfaßt zwei Hemden und zwei Unterhosen aus grobem Leinen, ein Paar Strümpfe, eine Mütze, einen Kittel aus roter Wolle sowie einen Umhang aus brauner Wolle, der auch als Schlafsack dient.

Der Geruch von Schmutz und Elend geht von den Sträflingsbänken aus.

Wenn das schwimmende Gefängnis an Festtagen mit wehenden Flaggen geschmückt ist, sieht es gar nicht so bedrohlich aus. Wenn man aber näher hinschaut, ist der Anblick weit weniger schön. „Es gibt keinen Ort

Am Anfang des Frühlings beginnt man die Flotte bereitzumachen; die Galeeren werden ausgebessert und die Ausrüstung vervollständigt. Proviant, Fässer und Takelwerk werden von den Sträflingen an Bord geschafft. Wenn alles verstaut ist, von den großen Eisenblöcken bis zu den Perückenschachteln der Offiziere, ist die Galeere segelfertig.

in der Welt", schreibt der Verfasser einer Abhandlung über den Bau von Galeeren, „wo der Raum enger bemessen wäre." Gewiß gibt es auf vielen Schiffen Platzmangel, aber auf den Galeeren ist er besonders groß.

450 Menschen müssen auf einer Plattform von 45 m Länge und 9 m Breite zusammenleben, denn alle halten sich ständig auf dem einzigen Deck auf, während das *Holl* nur als Stauraum für Takelwerk, Munition und Lebensmittel dient.

Das Heck bildet den vornehmeren Teil des Schiffes. Auf dem kleinen Platz, der abwechselnd als Kapelle, Gästeraum, Eßsaal und Kommandozentrale dient, halten sich Offiziere, Passagiere und die Dienerschaft des Kapitäns auf.

Vom Heck aus betritt man die Offiziersmesse. Dahinter beginnt der Bereich der Sträflinge: zwei Reihen mit je 26 Bänken. Die fünf Männer, die jeweils aneinandergekettet sind, teilen sich eine Art Kasten von 2,30 m Länge und 1,25 m Breite. Das ist ihr Arbeitsplatz und gleichzeitig ihr Quartier.

Der Fußboden unter den Ruderbänken befindet sich 70 cm unter den Speigatten, den Öffnungen, durch die das Wasser vom Deck abfließt, und liegt bei voller

Nach Auslaufen aus dem Marseiller Hafen gehen die Galeeren zunächst bei den vorgelagerten Inseln vor Anker, um auf günstiges Wetter zu warten. Meist stechen sie nachts in See, um die Landwinde besser ausnutzen zu können.

Auslastung und ruhigem Seegang nur 1 m über dem
Wasserspiegel. Die Galeerensträflinge leben also inmitten
ständiger Feuchtigkeit. Ihre Haut wird vom Seesalz zerfres-
sen und ist mit Geschwüren bedeckt. Sobald der Wellen-
gang etwas heftiger wird, sitzen sie mit den Füßen im
Wasser.

Zwischen dem äußeren Ende der Bänke und der
Schiffswand verläuft ein schmaler Gang, in dem das Wach-
personal zusammengekauert sitzt.

Dort ist es ebenso unbequem wie gefährlich. Der Durchgang ist nur 80 cm breit, und wer nicht aufpaßt, läuft Gefahr, von einem Ruder getroffen zu werden. Auf dem Gang zwischen den beiden Bankreihen gehen ständig die drei Comites oder die Oberaufseher auf und ab, die mit Pfeife und Peitsche die Manöver koordinieren. Dort halten sich auch die beiden Aufseher und die acht Gefängniswärter auf. Die freie Besatzung, bestehend aus Seeleuten, Artilleristen und Handwerkern, befindet sich mehr im Bug des Schiffes.

Das Ruder einer gewöhnlichen Galeere ist 12 m lang und wiegt etwa 130 kg. Sein Durchmesser ist so groß, daß es von den Sträflingen nicht mit bloßen Händen umfaßt werden kann. Daher sind darauf Griffe in Form eines Bügels genagelt.

Die Comites kümmern sich um die Sträflinge „wie ein Fuhrmann, der seine Pferde nur schont, weil er sie noch braucht".

Auf den Galeeren des 17. und 18. Jahrhunderts gibt es nur ein Ruder pro Bank anstatt der drei wie auf den Triremen des Mittelalters. Diese Veränderung des Rudersystems, die die Bauweise der Schiffe nicht beeinflußt, vollzieht sich im Lauf des 16. Jahrhunderts. Sie ist ohne Zweifel damit zu erklären, daß es immer schwieriger wird, Galeotti anzuheuern, und daß diese durch Sklaven und Sträflinge ersetzt werden müssen. Die mittelalterliche Rudertechnik erfordert eine ausgebildete Mannschaft, denn jeder Ruderer führt sein eigenes Ruder. Die Bewegungen auf einer Bank müssen genau gleichzeitig stattfinden. Die drei Ruderer einer Bank sollten möglichst gleich viel Kraft und Geschicklichkeit besitzen.

Indem man dann fünf Gefangene an ein einziges, 12 m langes Ruder setzt, kann man es sich erlauben, starke und schwache Männer, Geübte und Anfänger auf einer Bank einzusetzen. „Wenn Sie neue Sträflinge bekommen", rät der Comes Masse in einer Anleitung zur Führung einer Galeere, „nehmen Sie pro Bank nur einen Neuen dazu."

Eine Rudertruppe muß sich aufeinander einstellen und bildet erst allmählich eine gute Mannschaft, die im Kampf bestehen kann.

Ein fähiger Comes versteht sich darauf, eine solche Truppe zusammenzustellen: Er kennt Kraft und Geschick jedes einzelnen. Wer jung, robust und etwa 1,65 m groß ist, gibt einen guten Vorruderer ab – den Ruderer am äußersten Ende des Ruders. Ihm wird die größte Anstrengung abverlangt. Er ist der Anführer der Bank und damit

Die Ruder treiben die Galeere an, leisten aber auch wertvolle Dienste beim Wenden. In diesem Fall setzen sich die drei ersten Ruderer jeder Bank auf die Seite, auf die man wenden will, mit dem Gesicht zum Bug, und rudern in entgegengesetzter Richtung.

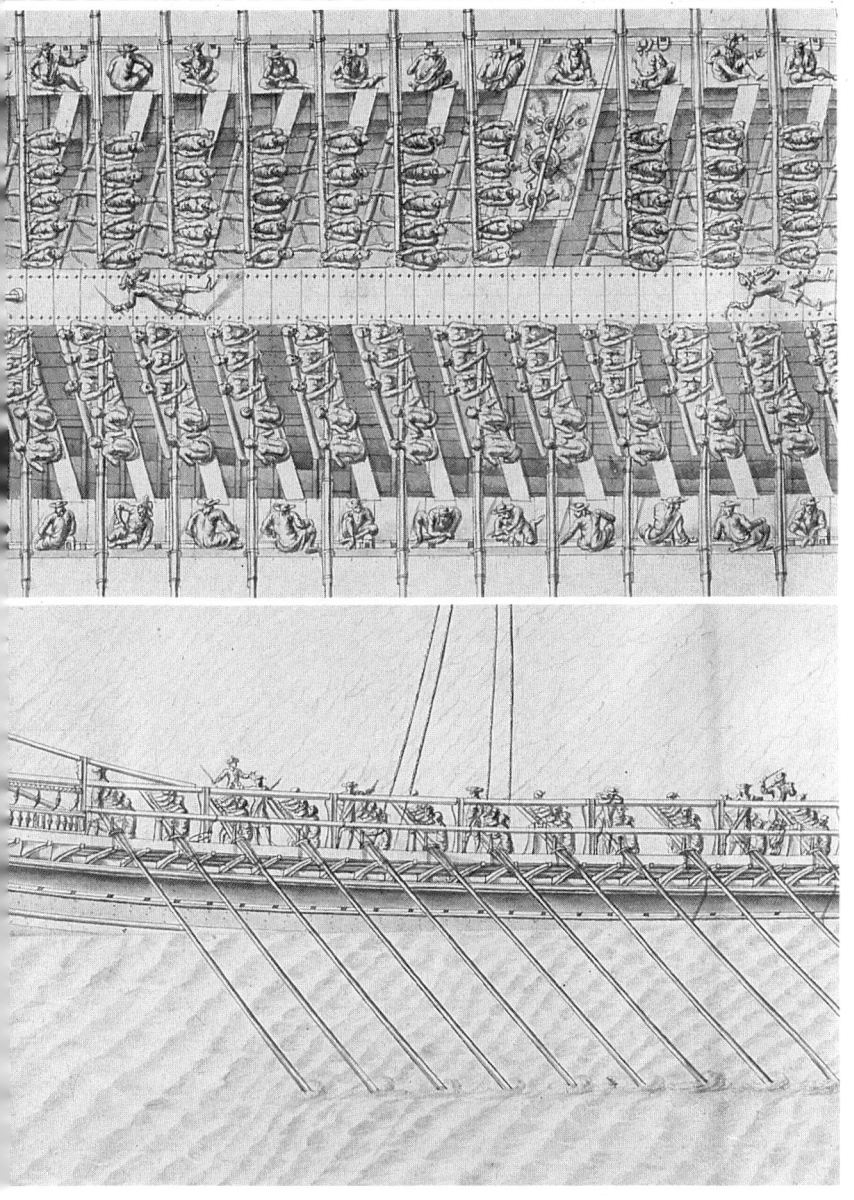

betraut, die Neuen „abzurichten". Die Vorruderer werden
sorgfältig ausgewählt. Wer nicht das Zeug zum Anführer
hat, aber über eine mittlere Statur sowie einen guten
Körperbau verfügt und noch im Besitz seiner Kräfte ist,
wird als „Apostis" eingesetzt, der direkt neben dem Vorruderer sitzt. Wer schon älter oder etwas kleiner ist, aber
ansonsten kräftig, bekommt den Platz des Tiercerol zuge-
teilt. Diese mittlere Position ist die begehrteste; einerseits
braucht man weniger Kraft als der Vorruderer und der
Apostis, andererseits muß man nicht, wie die beiden letzten Ruderer, den Rücken so weit beugen, um der Bahn des
Ruders zu folgen. Die beiden letzten Plätze, die des
Quarterol bzw. des Quinterol, werden von den schwächsten Sträflingen eingenommen.

   Dieses umsichtige Verteilen der Ruderplätze je nach
Körperbau und Kraft der Sträflinge schließt körperliche
Mißhandlungen nicht aus. Die Peitschenhiebe werden
je nach Laune der Comites und der Aufseher verabreicht.
Unter dem Vorwand, die Disziplin aufrechterhalten zu
wollen, begleichen sie oft mit den Gefangenen
ihre persönlichen Rechnungen und nutzen ihre Machtposition
ungehindert aus, um ihren sadistischen Trieben freien
Lauf zu lassen. Es gibt niemanden, der einen Comes auf

See für sein Verhalten gegenüber den Gefangenen zur Verantwortung ziehen könnte – ja, nicht einmal wollte. Auf seinem Schiff ist der Comes unumschränkter Herrscher, und die freie Mannschaft profitiert davon – auf Kosten der Rudersträflinge.

Gewalt und Bestechung gehen Hand in Hand. Die Comites und Aufseher protegieren die Sträflinge, mit denen sie Geschäfte machen. Daher versuchen die Sträflinge, ihre Wärter, wo es nur möglich ist, günstig zu stimmen und zu bestechen, um von Schlägen verschont zu werden und kleine Vorteile zu ergattern. Die niederen Arbeiten und Dienste bleiben an den Schwächsten und Ärmsten hängen, die keinerlei Möglichkeiten haben, sich eine bessere Position zu „erkaufen".

Auf dem Speiseplan der Sträflinge stehen Wasser, Schiffszwieback und verdorbene Bohnen.

Die tägliche Ration besteht aus zwei Pfund (980 g) Zwieback, vier Unzen (120 g) Bohnen, spärlich gewürzt mit Öl und Salz, und „manchmal, wenn sie auf der Reise ermüden, ein Achtel Wein". Nur die Ärmsten müssen sich mit der offiziellen Zuteilung begnügen. Wer etwas Geld hat, versucht, frische Lebensmittel wie Obst und Gemüse bei den freien Besatzungsmitgliedern oder Soldaten zu kaufen. Wein, oft der einzige Trost für die Sträflinge, steht hoch im Kurs.

Die Ruderer brauchen ständig eine beträchtliche Menge Wasser: mindestens einen Liter pro Arbeitsstunde. „Wenn ein Mann, der bei dieser großen Hitze rudert, sich nicht von Zeit zu Zeit erfrischt, kann er bald nicht mehr weiterrudern oder stirbt sogar." Es werden mindestens 500 Wasserfässer mit insgesamt 25 000 l geladen. Die Rudertruppe verbraucht davon etwas mehr als die Hälfte, der andere Teil ist für die Küche und für die Besatzung bestimmt. Selbst bei größter Sparsamkeit hält sich dieser Vorrat nie länger als eine Woche; alle fünf bis sechs Tage wird angelegt, um den Wasservorrat zu erneuern.

Ein Schiff mit kombiniertem Antrieb:
Segel und Ruder.

Ausschließlich von den Rudern angetrieben, erreicht die Galeere eine Reisegeschwindigkeit von vier bis fünf Knoten (7,4 bis 9,25 km/h), und eine Höchstgeschwindigkeit von sechs bis sieben Knoten (11 bis 13 km/h). Erstere kann zwei Stunden, letztere mit gewaltiger Anstrengung etwa 15 Minuten beibehalten werden. Am besten läßt sich eine mittlere Geschwindigkeit von drei bis dreieinhalb Knoten (5,5 bis 6,5 km/h) halten. Die Arbeitszeiten und Ruhepausen der Ruderer dauern jeweils 90 Minuten. Die Mannschaften von Heck und Bug wechseln sich ab, so daß die Galeere immer in Bewegung ist.

Diese „menschliche Maschine" funktioniert aber nur bei ruhigem Seegang, wenig Wind und schwacher Gegenströmung. Bei stürmischem Wetter ist Rudern unmöglich, da das Wasser das Deck überspült und die Wellen die Ruder zu zerschlagen drohen.

Sooft wie möglich werden die Segel gesetzt. Die Galeeren des 17. und 18. Jahrhunderts sind mit einem beeindruckenden Takelwerk ausgestattet. Sie sind mit zwei,

Sobald sich die Galeere, der schwimmende Kerker, auf See befindet, entsteht unter den Insassen, die im Hinblick auf die Gefahren „im gleichen Boot sitzen", eine Art Solidaritätsgefühl. Das Schicksal der Galeere hängt von der Ausdauer und der Erfahrung der Ruderer ab, so daß die Angst vor einem Schiffbruch die Verachtung mindert, die Offiziere und Unteroffiziere den Männern der Rudertruppe entgegenbringen.

wenn man den kleinen Besanmast mitzählt, sogar mit drei
Masten versehen, die zusammen eine Segelfläche von
800 m² tragen können. Diese Schiffe, die es am Ende des
Galeerenzeitalters gibt, gehören wohl mit zu den besten
und schönsten Segelschiffen des Mittelmeers und liegen
ausgezeichnet im Wind.

    Wenn der Comes Order zum Segelsetzen erhält, ver-
fügt er über eine Mannschaft von 260 Matrosen in roten
Kitteln: Sträflinge und Sklaven. Das Segelsetzen mit nur
30 richtigen Seeleuten an Bord wäre auch ein Ding der
Unmöglichkeit. Taue und Schiffswinden sind so auf dem
Schiff angeordnet, daß sie sich in Reichweite der Ruderer
befinden. Sie bedienen die Brassen, heben oder senken
die Rahen und setzen die Segel.

A I   *Longeur de la galere*
A B   *Hauteur de la poupe*
I H   *Hauteur de la proüe*
C D   *La laissez de poupe*
F H   *La laissez de proüe*
B C   *Lelancement de poupe*
H G   *Lelancement de proüe*
E M   *Ligne qui termine le creux*
A C   *Louuerture du compar en K qui forme la poupe*
I G   *Louuerture du compas en K qui forme la proüe*

Coupe Dvne Galere A...

Rame de galere

Quille Dvne Galere Sur...

A Sartis de Maistre
B Couladeurs maistre
c Amans de Maistre
D Les vertes de Maistre
E Bragots des ortes
F Ortes
G Bragots a la corgue d'auant et vne ap
H Le mouton
I Locarnal
K Les troues
L Ler anguis
M Sartis du trinquet
N Les couladeurs
O Amans du trinquet
P Les huros
Q Bragots des ortes
R Ortes
s La corgue d'auant
T Ler caryguettes
V Ler orue apoupe
X Ler troues
Y Ler anguir
Z Ler coutes
AA Lacarnal
BB Ler gourdmieres
CC Ler flammes
DD Lertendart n're dame
EE Ler bandiere
FF Ler pennaux delespade
GG Peneaux der bouts poner

1 Legauon
2 La chambre du conseil
3 Ler condala prouisions du Capitaine
4 Compagne vin et viande
5 Lepayol pain et legumes
6 La soute aux poudres
7 La tauerne
8 La chambre der voiles
9 Chambre deproüe cordages
10 Caisse du chirurgien
11 Le tsiar der malades
12 La chardoniere
13 Les peron
14 Le tambourelet
15 Ler canons
16 La coulle
17 La rembade
18 Ler anguilles du courcier
19 Le canon du courcier
20 La S'e barbe
21 Ler maiorlas
22 La ruis der courcier
23 Ler filarets
24 Ler poriers
25 Lapale
26 Le tendelet
27 La guerite et la poupe
28 La timoniere
29 Le timon
30 La carenne ou quille
31 Le cargue
32 L'arbre de Maistre
33 Le quart de maistre
34 La pene de maistre
35 Ler alepaues
36 L'arbre de trinquet
37 Le quart de trinquet
38 La pene de trinquet
39 Ler alepaues
40 Ler gatter

Proportions

Cura D.no de Parrebon Equitis   Barthelemy Chasse delineauit et Sculpsit

---

D as Holl – der untere Hohlraum im Bauch des Schiffes – ist in zwölf Räume unterteilt. Vom Heck aus angefangen, unterscheidet man die Offiziersmesse, das Beratungszimmer, den Eßsaal des Kapitäns, die Speisekammer für den Proviant der freien Besatzung, das Lager für Zwieback und Gemüse, das Munitionslager, der Vorsicht halber mit Weißblech beschlagen, die Schenke, wo der Comes den Wein lagert, den er an die Sträflinge verkauft, und zwei Kammern für Segel und Taue. Weiter vorne befinden sich das Behandlungszimmer des Arztes und das Krankenzimmer. Ganz im Bug liegt das Kohlenlager.

Am Ruder

Der Kapitän dieser Galeere hat vielleicht das „Rudern bis zum Anschlag" angeordnet. Bei dieser Ruderart schlagen die Ruderer das Ende des Ruders gegen die Vorderbank, bevor sie es ins Wasser tauchen, und zwar in so exaktem Rhythmus, daß man nur einen einzigen Schlag hört. Die Ruder heben sich flügelartig und tauchen alle genau gleichzeitig ins Wasser. Diese Technik wird nur beim Aus- und Einlaufen angewendet, denn durch die Schläge wird das Schiff zu sehr erschüttert.

Unter Segel

Diese Galeere hat die Ruder hochgestellt und alle Segel gesetzt. Pro Mast gibt es nur ein dreieckiges Segel, das an einer riesigen Rahe hängt, die doppelt so lang ist wie der Mast. Am Großmast hat man die Wahl zwischen Groß-segel, Großmarssegel und Großbramsegel; am Fockmast zwischen Fock, Vormarssegel und Vorbramsegel. Zu dieser Ausrüstung kommt nach 1690 am Heck des Schiffes der Besanmast hinzu.

Auf Reede

Diese Galeere mit dem Zeltdach auf der Windseite liegt vor Anker oder auf Reede. Auf See sind die Pausen kurz und kostbar. Die langen und häufigen Zwischenhalte, die die Offiziere für ihre Festlichkeiten einlegen, bieten daher die einzige Erholung. „Wenn man in einem guten Hafen vor Anker liegt", schreibt Barras de la Penne, „gleicht die Galeere einem Hotel. Die Küche raucht von morgens bis abends, und Essen und Trinken sind die einzige Beschäftigung der Besatzung und Sträflinge."

Die Sträflinge und Sklaven halten sich drei Viertel des Jahres in Marseille auf.

Entgegen den Erwartungen, die man gemeinhin hegen würde, sind die Galeeren, auf denen die Sträflinge untergebracht sind, nur die kürzeste Zeit des Jahres auf See. Monatelang liegen sie im Hafen von Marseille vor Anker, bevor sie einmal auslaufen. So sind die Galeeren der französischen Flotte abwechselnd von Frühjahr bis Herbst unterwegs, wobei jedes Geschwader im Jahr nur zwei bis drei Monate den Dienst versieht. Zwischenlandungen sind häufig, und von den 60 bis 90 Tagen einer Fahrt werden fast die Hälfte vor Anker oder im Schutze eines Hafens verbracht, sei es wegen des Holz- und Wassernachschubs, zum Vergnügen der Offiziere oder zur Erholung der Rudertruppe. Nach der Rückkehr werden fast alle Mitglieder der freien Besatzung und die Soldaten beurlaubt. Zur Bewachung der Sträflinge bleiben nur der Comes,

Auf diesem Gemälde von Joseph Vernet ist das Arsenal noch intakt (links im Bild ist das Sträflingshospital zu erkennen), aber die Galeeren sind schon aus dem Marseiller Hafen verschwunden.

die beiden Untercomites, die Aufseher und die Sträflings-
wärter an Bord. Die Galeeren werden mit einer Art Zelt-
plane abgedeckt, die aus zwei Schichten besteht, die untere
aus einem groben braunen Wollstoff und die obere aus
blau-weiß gestreiftem Baumwollstoff. Die Sträflinge überwintern auf den Galeeren und werden von dieser dünnen
Hülle mehr schlecht als recht vor der Kälte geschützt.

Die Anwesenheit von 12 000 Sträflingen und Sklaven im Herzen der Stadt ist ein Glücksfall für das Geschäftsleben in Marseille.

Die Gefangenen, die keinen Beruf erlernt haben, müssen
auf den Galeeren bleiben, wo sie im Auftrag Marseiller
Kaufleute Strümpfe und Mützen stricken. Viele arbeiten
auch in der Stadt und im Hafen und werden dafür jeden
Morgen abgekettet. Man beschäftigt sie auf den Schiffs-
brücken, auf den Werften und beim Be- und Entladen

Die Überführung der Sträflinge in die Gefängnisse von Toulon und Brest im Jahr 1749 ebnet den Weg für die Entstehung einer großen Handelsstadt. Schon bald ist vergessen, daß Marseille gegen Ende des 17. Jahrhunderts einer der größten Kriegs-häfen des Mittelmeers war. Sogar das Arsenal, das noch vom Größen-wahn der Epoche Ludwigs XIV. zeugt, wird im Jahr 1784 abgerissen.

der Handelsschiffe. Für einen Hungerlohn verrichten sie hier teilweise lebensgefährliche Arbeiten.

Die Musiker unter den Sträflingen spielen in den Schenken auf und gehen dann mit dem Hut herum. Da in der Rudertruppe alle Berufe vertreten sind, finden die Handwerksmeister oft ihre besten Gesellen unter den Sträflingen. In allen Gewerben, über die ganze Stadt verteilt, finden sich daher Leute, die zum Dienst auf den Schiffen verurteilt wurden. Sogar in den Seifenfabriken von Marseille kneten viele Arbeiter in den roten Kitteln der Galeerensträflinge die Seife.

Die Baracken, worin auch noch Gefangene leben, liegen am Kai. 700 bis 800 Sträflinge – Buchhändler, Hutmacher, Schneider, Perückenmacher und Tischler – handeln hier um die Wette, in unmittelbarer Nachbarschaft von Fälschern und Hehlern. Es herrscht ein buntes Treiben wie auf einem ständigen Jahrmarkt. Dieser Ort hat keinen guten Ruf, denn er ist auch der Arbeitsplatz von Taschendieben und Prostituierten. Die zahlreichen Buden ziehen Schaulustige an, die alle auf Sensationen und gute Geschäfte hoffen. Die Galeere verlassen und in der Stadt arbeiten zu dürfen ist ein Privileg, das dem Wohlwollen der Comites und der Aufseher unterworfen ist. Aber diese Arbeiten verschaffen den Sträflingen das nötige Kapital, mit dem sie sich die verschiedensten Erleichterungen an Bord erkaufen können. Und so erhalten Offiziere wie Gefangenenwärter ihren Anteil an allen Gewinnen, die die Sträflinge auf legalem (und nicht selten auch illegalem) Wege machen. Für die Galeerenbesatzung ist dies um so angenehmer, als die Arbeitgeber der Sträflinge und Sklaven deren Bewachung am Arbeitsplatz und im Hafen übernehmen, ja sie bei Tagesanbruch abholen und am Abend auch wieder zurückbringen.

Wegen mißlungener Fluchtversuche und allgemein hoher Sterblichkeit kehrt nur jeder zweite Häftling aus der Gefangenschaft zurück.

Man könnte meinen, daß das Arbeiten der Gefangenen außerhalb der Galeere die Flucht erleichtert hätte. Gelungene Ausbrüche sind aber eher selten: Nur einer von 100 Ausbrechern kann sich in Sicherheit bringen und wird nicht wieder gefaßt. Die Galeere zu verlassen ist noch ziemlich einfach; aber außerhalb der Stadtmauern hat ein Mann, der kahlgeschoren, gebrandmarkt und mit einem Eisenring am Fuß durchs Land zieht, keine Chance.

Die Votivbilder der Seeleute, die um die Erfüllung eines Wunsches bitten oder für eine erwiesene Gnade danken, erzählen vom Elend und den überstandenen Gefahren der Seefahrer. Von den Galeeren stammen nur wenige. Sie zeigen das Schiff, das wie ein Strohhalm vom Sturm hin- und hergeworfen wird, und die Ohnmacht der Menschen, die keine andere Zuflucht mehr als das Gebet haben.

Da für jeden gefaßten Flüchtling eine hohe Beloh-
nung ausgesetzt ist, zeigt die Landbevölkerung um
Marseille wenig Mitleid. Sobald die Kanone der Admiralsgaleere einen Ausbruch anzeigt, „rennen alle Bauern samt
Gewehr und Jagdhund hinter der Beute her, und es ist
so gut wie ausgeschlossen, daß der arme Flüchtling nicht
in ihre Hände fällt", erläutert Jean Marteilhe.

Die meisten ziehen es deswegen vor, mit etwaigen Ersparnissen ihr Los zu verbessern oder gar ihre Freiheit zu erkaufen. Bis 1715 wird die jeweilige Strafdauer häufig nicht eingehalten. Mancher gute Vorruderer, der zu drei Jahren verurteilt ist, muß unter Umständen 10 bis 15 Jahre auf der Galeere bleiben, während ein mittelmäßiger Ruderer, der lebenslänglich bekommen hat, mit Beziehungen vielleicht schon nach ein paar Jahren begnadigt wird. Die Arbeitsunfähigen – manche sind es wirklich, andere simulieren nur – erhalten ihre Freiheit unter der Bedingung, daß sie einen Ersatzruderer beschaffen oder 400 Pfund an den Schatzmeister der Galeere zahlen.

Diese Willkür endet mit dem Beginn der Regierungszeit Ludwigs XIV. Die Gefangenen werden von nun an nach dem Abbüßen ihrer Strafe entlassen. Trotzdem kehren, auch nach 1715, vier Fünftel der Lebenslänglichen nie wieder von den Galeeren zurück.

Die Hälfte der Häftlinge stirbt in Gefangenschaft. Zwei Drittel davon haben das dritte Jahr ihrer Gefangenschaft noch nicht vollendet. Mißhandlungen und Gewalt an Bord richten sie zugrunde, nachdem sie schon von der langen Reise in Ketten völlig erschöpft sind. Nur die Protestanten, die vor dem Gesetz politische Gefangene sind, halten zusammen und helfen sich gegenseitig. Unter den anderen herrscht das Gesetz des Stärkeren: Die Schlauen überleben auf Kosten der Naiven und Schwachen.

Am Ende der Regierungszeit Ludwigs XIV. kommt es zum schnellen Niedergang der französischen Galeerenflotte.

Nach 1772 zählt die Flotte nur noch 15 Einheiten; nicht einmal die Hälfte der Schiffe ist seetüchtig. Die Flotte wird von diesem Zeitpunkt an hauptsächlich für den Strafvollzug genutzt, ihr militärischer Nutzen ist jedenfalls verschwindend gering.

Auch wenn Toulon im 16. und 17. Jahrhundert wiederholt Galeeren Zuflucht bietet, so bleibt doch Marseille der Heimathafen der Ruderflotte. Nach 1748 übernimmt Toulon mehr als die Hälfte der Marseiller Sträflinge, die auf den Werften der Kriegsflotte beschäftigt werden.

Die Schweden über-
nehmen nur sehr
zögernd die Galeere in
ihrer klassischen Form
und geben sie schon
bald wieder auf. Gegen
Mitte des 18. Jahrhun-
derts ersetzen sie dieses
Modell durch völlig
andersartige, aber
immer noch mit Rudern
angetriebene Schiffe,
die den Anforderungen
der Ostsee besser
gerecht werden: geringer
Tiefgang, Wendigkeit
sowohl bei Ruder- als
auch bei Segelantrieb
und starke Geschütze.
Sie sind nach Plänen
des berühmten Schiffs-
bauers F. H. Chapman
gebaut. Im Lauf des
18. Jahrhunderts lassen
die Schweden etwa
50 solcher Schiffe vom
Stapel.

Man könnte vermuten, daß sich die Haftbedingungen für die Sträflinge dadurch etwas verbessern. Die Sterblichkeitsrate der Gefangenen bleibt jedoch unverändert hoch: Zwischen 1716 und 1748 stirbt, wie im Jahrhundert davor, die Hälfte der Sträflinge in der Gefangenschaft.

Die französische Flotte läuft nur noch sporadisch aus. Bestenfalls alle drei bis vier Jahre begibt sie sich auf Reisen, die dann entlang der italienischen Küste von Hafen zu Hafen führt, wobei auf einen Reisetag vier Ruhetage folgen. Im September 1748 wird das Korps der Galeeren aufgelöst, und ihre Beschäftigten werden der königlichen Marine einverleibt. Die Sträflinge verlassen Marseille und werden nach Toulon und Brest geschafft, wo reguläre Gefängnisse entstehen. Aus den Ruderern werden Zwangsarbeiter im Arsenal der Marine.

Die Galeeren selbst werden unterdessen noch verwendet: Einige werden zu Brückenbooten degradiert und dienen den Gefangenen in Toulon als Unterkunft. Drei oder vier bewaffnete Galeeren helfen bis zum Ende des 18. Jahrhunderts bei der Bewachung der Küste. Die letzte französische Galeere, die „Ferme", wird erst im Jahr 1814 endgültig ausgemustert.

Die letzten Tage der Ruderschiffe: Die Galeeren auf der Ostsee verschwinden erst im 19. Jahrhundert.

Die Galeeren erleben, während ihre Zahl auf dem Mittelmeer immer weiter zurückgeht, eine zweite Blüte auf der Ostsee, als Russen und Schweden um finnische Gebiete kämpfen. Wieder einmal finden sie dabei ihren Einsatz als Kriegsschiffe und erlangen für kurze Zeit noch einmal eine gewisse Bedeutung. Der Finnische Golf, nicht sehr tief und voller Klippen, ist für Schiffe mit großem Tiefgang kaum zugänglich. Peter der Große greift für die ersten Galeeren, die er 1704 in die Ostsee schickt, auf niederländische Schiffsbauer zurück. Mit ihrem Lateinsegel gleichen diese Schiffe ihren Schwestern auf dem Mittelmeer, mit dem Unterschied, daß sie kürzer und breiter sind. Sie haben etwa 20 Paar Ruder, die jeweils von drei oder vier Ruderern bedient werden.

Die Schweden bauen 1712 so viele Schiffe, daß sich die beiden nordeuropäischen Mächte am Anfang des 18. Jahrhunderts auf der Ostsee mit Flotten von 30 bis 40 Galeeren gegenüberstehen. Sie werden nicht mehr mit Sträflingen und Sklaven besetzt, sondern mit freien

Matrosen und Soldaten. Doch nur etwa 40 Jahre später, gegen 1750, geben die Schweden diesen mediterranen Galeerentypus endgültig auf, um nach den Entwürfen eines wahren Schiffsbaugenies, F. H. Chapman, eine schlagkräftige Flotte von verschiedenen Ruderkriegsschiffen zu entwickeln.

Diese eigenartigen Schiffe bilden eine Mischform zwischen der abendländischen Fregatte und dem orientalischen Ruderschiff. Immerhin halten sie sich fast 100 Jahre lang in der Ostsee-Schiffahrt und werden erst in der Mitte des 19. Jahrhunderts aufgegeben. Damit hätten die letzten Galeeren fast noch den ersten Dampfern begegnen können...

Unter Einfluß der türkischen Nachbarn unterhält Rußland eine beträchtliche Anzahl herkömmlicher Galeeren, zunächst im Schwarzen Meer, später in der Ostsee. Mehr als 400 Schiffe werden im 18. Jahrhundert gebaut. Es ist kaum zu glauben, daß der gleiche Schiffstyp, mit dem die Schlacht von Lepanto bestritten wurde, in Rußland zum letzten Mal noch im Jahr 1806 gebaut wird...

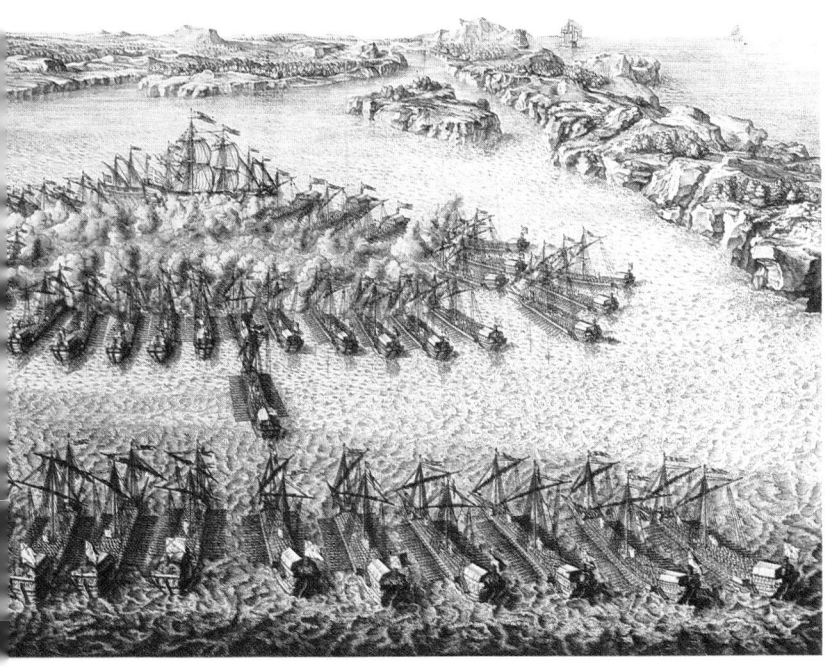

ZEUGNISSE UND DOKUMENTE

Die Entwicklung der Galeeren

Die Galeeren in ihrer Urform wurden schon von den Phönikern und Römern verwendet. In den nachfolgenden Jahrhunderten veränderten die Schiffsbauer der verschiedenen Völker die Galeere den Anforderungen entsprechend: je nachdem, ob sie als Kriegs- oder Handelsschiff oder, in späterer Zeit, als Gefängnisschiff eingesetzt werden sollte. So konnte dieser Schiffstyp bis ins 19. Jahrhundert hinein überleben.

Wolfram zu Mondfeld hat zahlreiche Werke zur Geschichte der Schiffbaukunst verfaßt und gilt als Spezialist für Galeeren.

Die früheste Darstellung einer mittelalterlichen Galeere befindet sich auf einer Miniatur aus dem Jahr 1047, die heute in Madrid aufbewahrt wird und leider allzu stilisiert erscheint.

Wesentlich deutlicher sind die Illustrationen einer Handschrift aus der Zeit zwischen 1150 und 1230, die sich in der Bibliothèque Nationale in Paris befindet.

Das eine Schiff ist eindeutig eine Bireme. Aber es gibt einen wesentlichen Unterschied zum antiken Vorbild: den Rammsporn. Die phönikischen, griechischen und römischen Kriegsschiffe der Antike hatten ihre gefährlichste Waffe, den Rammsporn, in der Wasserlinie oder knapp darunter angeordnet. Die Galeeren des Mittelalters und der Neuzeit dagegen führen ihn ein gutes Stück über der Wasserlinie, was zur Folge hatte, daß er mehr und mehr seinen ursprünglichen Zweck verlor und zur Dekoration wurde.

Der zweite wesentliche Unterschied zu den Schiffen der Antike lag in der Takelage. Die Ägypter, Phöniker, Griechen und Römer fuhren quadratische Segel, die an mehr oder minder breiten Querrahen befestigt waren, die Römer zudem an einem Bugspriet ein Artemon genanntes Blindesegel. Auf den frühesten mittelalterlichen Darstellungen von Mittelmeerschiffen aus dem 9. Jahrhundert sind diese quadratischen Segel bereits verschwunden und haben den dreieckigen, sogenannten *Lateinsegeln*

Platz gemacht. Und obwohl keine der genannten Miniaturen Segel zeigt, kann es als sicher gelten, daß sie lateinisch getakelt waren.

Die Bezeichnung lateinische Segel ist etwas irreführend, da diese Segelform nicht in Italien entstand, sondern von den Arabern übernommen und aus den trapezförmigen Dausegeln weiterentwickelt worden ist.

Auffallend sind in dieser Zeit die hoch aufgebogenen Hörner oder Schwingen am Heck der Schiffe, die wir nicht nur auf den Galeeren, sondern auch auf Segelschiffen des Mittelmeeres finden. Da sie mit Querstreben verbunden waren, wäre es durchaus logisch, daß sie den langen Rahen zum Auflegen gedient hätten, wenn diese bei starkem Wind oder im Gefecht an Deck gefiert wurden.

Eine wesentliche Änderung erfuhr die Galeere in der zweiten Hälfte des 14. Jahrhunderts: die Seitenruder verschwanden und wurden durch das Heckruder ersetzt. Auf großen Galeeren kam ein zweiter Mast in Gebrauch, und außerdem sind von dieser Zeit an mit Sicherheit Reffe an den Segeln nachzuweisen.

Die wichtigste Änderung aber betrifft das Riemenwerk. Bisher hatte man auf größeren Schiffen von zwei oder auch drei übereinanderliegenden Bänken aus gerudert. Nun wurden die Duchten in einer Ebene angeordnet.

Ein Bronzerelief aus der Mitte des 14. Jahrhunderts auf einer Tür von St. Peter in Rom, das die Abreise des byzantinischen Kaisers Johannes VI. Cantacuzen darstellt, zeigt nach Meinung mancher Schiffshistoriker noch eine Bireme der alten Bauart. Meiner Meinung nach handelt es sich hier aber bereits um eine *Fusta,* wie sie eindeutig auf dem Fresco des Spinello Aretino im Palazzo della Signoria in Siena zu erkennen ist.

Fusta war die italienische Bezeichnung für Galeeren, deren Riemen paarweise eng zusammenlagen und von einer Ducht aus gerudert wurden, wobei sie nicht mehr in verschiedenen Höhen gelagert wurden, sondern auf einem einzigen starken Längsbalken, der Apostis.

Um die Mitte des 15. Jahrhunderts fuhren die großen Galeeren Riemengruppen zu je drei Stück. Diese Galeeren wurden als *Galia sottil* bezeichnet; in Venedig verwendete man auch den antiken Ausdruck *Trireme.*

Diese Form hielt sich, außer in Venedig, das diesen Schiffstyp bis weit ins 16. Jahrhundert hinein verwendete, nur knapp 50 Jahre, bis man um die Wende vom 15. zum 16. Jahrhundert dazu überging, nicht mehr drei Ruderer an drei Riemen zu setzen – eine Zahl, die sich kaum noch steigern ließ –, sondern drei, fünf und später bis zu sieben Ruderer an jeweils nur einem Riemen angreifen zu lassen.

Die zweite Hälfte des 15. Jahrhunderts ist überhaupt die entscheidende Zeit in der Entwicklung der Galeeren: der Rammsporn wurde länger, leichter, eleganter und verlor endgültig seine ursprüngliche Funktion. Das Längen-Breiten-Verhältnis des Rumpfes wurde stetig größer, was zwar der Schnelligkeit, aber weniger der Seetüchtigkeit und den Segeleigenschaften zugute kam. Das Heck wurde noch stärker an der Oberkante eingezogen und abgerundet und erhielt einen kastenförmigen Aufbau, der achtern zunehmend weit über das Heck hinausragte. Auf diesem – ausschließlich den Offizieren vorbehaltenen – Heckaufbau wurde ein Stangengerüst errichtet, über das ein Sonnensegel gehängt wurde; es änderte sich zwar in der Form, blieb aber als solches bis zum Verschwinden der Galeere im 19. Jahrhundert erhalten. Der schräge Flaggstock auf dem Galion, vermutlich ein Überrest des antiken Artemonmastes, verschwand. Wenig später wurden Geschütze eingeführt und auf der Back aufgestellt.

Die wesentlichste Veränderung aber bestand in der Anordnung von Rumpf und jenem quadratischen Kasten, der das Riemenwerk mit den Ruderern aufnahm. Bisher hatten in all den Jahrhunderten und Jahrtausen-den, in denen Ruderschiffe die Meere befuhren, die Ruderer im Rumpf gesessen, nunmehr saßen sie auf dem Rumpf.

Der Galeerenrumpf wurde mit einem Deck nach oben völlig abgeschlossen und diente nur noch als Schwimmkörper, dem Back, Heckaufbau und Riemenwerk nicht mehr eingegliedert, sondern aufgesetzt waren. Dies erhöhte die Seetüchtigkeit beträchtlich, da das Schiff nicht mehr so leicht voll Wasser schlagen konnte.

Da Ruderschiffe sehr niedrig gebaut sein mußten, scheint diese Lösung des Problems eine folgerichtige Entwicklung zu sein – und das ist sie zweifellos auch. Die Frage allerdings bleibt, weshalb in gut fünf Jahrtausenden, in denen bereits ähnliche Schiffe konstruiert worden waren,

Galeere mit Sonnensegel.

niemand auf den gleichen Gedanken gekommen war. Ich werde mir erlauben, in dem Abschnitt über den Rumpf der Galeeren noch näher auf dieses Problem einzugehen.

Die Galeeren waren reine Kriegsschiffe. Im 15. Jahrhundert machte man allerdings auch den Versuch, große Transportgaleeren zu bauen. Es waren dreimastige Schiffe mit Karavelltakelung und 19 Dreiergruppen Riemen auf jeder Seite, also 114 Riemen insgesamt, die vermutlich mit je zwei Ruderern besetzt waren. Wenn man zu diesen 228 Ruderern die freien Seeleute und die Offiziere hinzurechnet, ergäbe das eine Besatzung von rund 265 Mann.

Damit war das Urteil über die Rentabilität dieser Schiffe bereits gefällt. Auf längeren Strecken nahmen Wasser und Proviant für die Besatzung so viel Laderaum ein, daß allenfalls sehr kostbare Fracht genügend Gewinn abgeworfen hätte. Dafür wiederum waren die Galeeren zu schwach bewaffnet und die Piraten zu zahlreich. (...)

Der Schiffskörper

Im Unterschied zu fast allen anderen Schiffstypen bildete der Rumpf einer Galeere eine in sich geschlossene schiffbautechnische Einheit, die ausschließlich als Schwimmkörper diente. Der quadratische Kasten mit dem Riemenwerk, die Back mit der Kanone und die Heckaufbauten waren diesem Schwimmkörper nicht eingefügt, sondern aufgesetzt, und das geschlossene Deck des Rumpfes teilte deutlich sichtbar das Schiff horizontal in zwei Hälften.

Neben dem älteren Typ der Schebecke, die als nächste Verwandte der Galeere ein ähnliches Konstruktionsprinzip aufwies, finden wir die gleiche Bauweise bei den Petschili-, Hangtschou- und Futschou-Dschunken in China wieder. Es sei erwähnt, daß bei den Petschili-Dschunken der Heckaufbau ebenso wie bei den Galeeren weit nach hinten über den Achtersteven hinausragte. Diese Ähnlichkeit ist frappierend.

Ein Einfluß chinesischer Dschunken auf den Schiffbau im Mittelmeer scheint auf den ersten Blick absurd. Aber ich gebe zu bedenken: Marco Polo war Venetianer und ein Mann, der vom Schiffbau eine Menge verstand – von ihm stammen sehr genaue Beschreibungen chinesischer Dschunken. Im 14. Jahrhundert, kurz nach dem Rückkehr Marco Polos aus China, wandelt sich die Galeere von jener noch der Antike verbundenen Form des frühen Mittelalters zu dem Typ mit völlig abgeschlossenem Rumpf und weit ausladendem Heckaufbau, den wir aus dem 16., 17. und 18. Jahrhundert kennen und der so verblüffende Ähnlichkeit besonders mit der Petschili-Dschunke hat. Ist es nur ein Zufall?

Der Rumpf der Galeeren war spindelförmig, lang und schmal, mit geringem Tiefgang. Er war ideal für die Fortbewegung durch Riemen, aber keineswegs ideal für die Fortbewegung durch Segel. Die Galeeren waren – trotz ihrer imposanten Lateinsegel – ausgesprochene Ruderschiffe, denn der flache, lange, schmale Rumpf, ausschließlich für den Riemenantrieb konstruiert, machte sie zu äußerst schlechten Seglern.

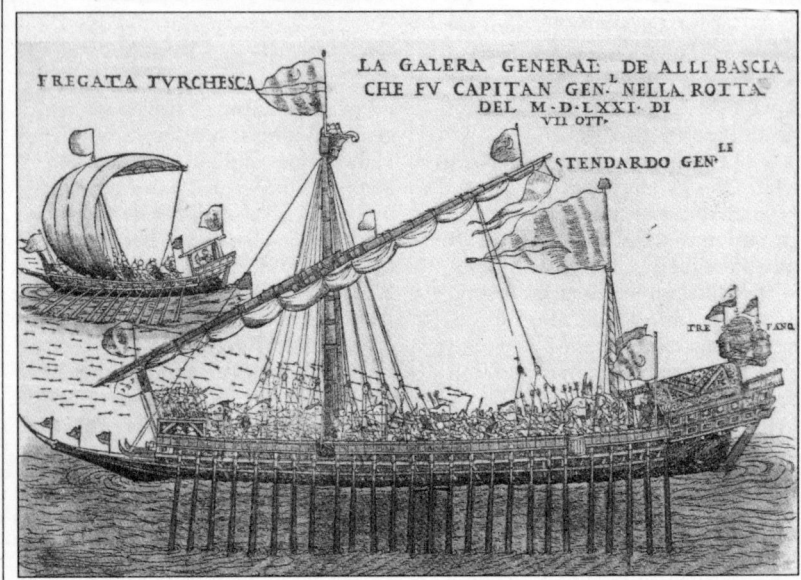

Türkische Galeere (italienischer Holzschnitt um 1571).

Wenden wir uns zunächst den Größenverhältnissen und den wichtigsten Abmessungen zu:

Aus der Zeit vor dem 16. Jahrhundert gibt es keine genauen Angaben, und wir sind daher auf Schätzungen angewiesen. Erst Mitte des 16. Jahrhunderts liefert die Handschrift des venetianischen Galeerenbaumeisters Pre Theodoro Nicolo exakte Werte: So hatte eine Fusta 27 m Länge über alles, 4 m Breite und 1,5 m Tiefgang, eine große Galeere 46 m Länge über alles, 7,5 m Breite und etwa 3 m Tiefgang. Das entspricht einem Längen-Breiten-Verhältnis von 6 – 6,5 für kleine Galeeren.

Diese Größenverhältnisse mögen zunächst überraschen. Im allgemeinen gilt als Regel: Je kürzer ein Schiff ist, um so größer ist die Breite im Verhältnis zur Länge. Hier haben wir den umgekehrten Fall.

Die Erklärung ist einfach: Je breiter eine Galeere ist, um so größer ist der Wasserwiderstand und um so schwerer läßt sie sich rudern; je kürzer bzw. kleiner eine Galeere aber ist, um so weniger Ruderer lassen sich auf ihr unterbringen. Die Folge: Je kleiner eine Galeere war, um so mehr mußte man den Wasserwiderstand verringern, das heißt, um so schmaler mußte man sie bauen.

Diese Erkenntnis zog auch den Schluß nach sich: Je schmaler man eine große Galeere baute, ohne die Zahl der Ruderer zu vermindern, um so schneller mußte sie sein. Tatsächlich wurde im Verlaufe der folgenden eineinhalb Jahrhunderte die Breite im Verhältnis zur Länge immer geringer und lag ab etwa 1660 für französische und maltesische Galeeren bei $L/B = 8,8$. Italiener, Spanier und Türken gaben ihren Schiffen bei gleicher Breite ein geringeres Längen-Breiten-Verhältnis.

Die großen französischen Réalen vom Ende des 17. und Anfang des 18. Jahrhunderts mit 57 m Länge, 6,4 m Breite, 2,2 m Tiefgang, bis zu 33 Paar Riemen und sieben Ruderern pro Riemen dürften, zumindest auf kurzen Strecken, einem modernen Sport-Achter an Schnelligkeit nicht wesentlich nachgestanden haben. So darf es auch nicht verwundern, daß diese Schiffe den sportlichen Ehrgeiz ihrer Befehlshaber herausforderten. Wettfahrten von Galeeren scheinen zum Vergnügen der Kommandanten der Mittelmeerflotte jener Zeit gehört zu haben, und daß regelmäßig eine Reihe von Ruderern dabei vor Überanstrengung zusammenbrach, scheint diesem Vergnügen der hohen Herren nicht den mindesten Abbruch getan zu haben.

Der Rumpf der Galeeren war kraweelbeplankt und schloß achtern – wie bei fast allen Schiffen des Mittelmeers – mit einem stark eingezogenen Rundgatt.

Am Bug lief der Rumpf in einen Sporn aus, der von unten durch das Scheg, seitlich durch Schloiknie gestützt wurde. Dieser Sporn – entstanden aus dem Rammsporn der antiken Schiffe und im frühen Mittelalter über die Wasserlinie gesetzt – war bis ins 16. Jahrhundert noch verhältnismäßig kurz und kräftig. Und wenn er auch nicht mehr seinem ursprünglichen Zweck diente, so mag er doch noch als Enterbrücke genutzt worden sein. Im 17. Jahrhundert verlor er auch diese Funktion, denn er wurde so lang und schmal, daß es unmöglich war, über ihn auf ein anderes Schiff zu gelangen. Wie bei Schebecke, Polacker, Felukke und vielen anderen Schiffen des Mittelmeers war der Sporn nur noch dekoratives Ornament.

Die Hauptschwierigkeit beim Bau von Galeeren bestand darin, einem derart langen und schmalen Rumpf die nötige Festigkeit zu geben. Kiel und Spanten reichten hierzu nicht aus. Zwei bis drei starke Querverstrebungen im unteren Teil des Rumpfes sicherten diesen gegen ein Verdrehen und gaben dem Spantenwerk größere Festigkeit.

Um der größten Gefahr, einer Durchbiegung des Rumpfes, entgegenzuwirken, wurde dem Schiff eine Art „Rückgrat" eingezogen: die Corsia – französisch Coursie –, ein als Laufbrücke ausgebildeter Verband, der sich in der Mittschiffsebene von der Hütte bis zur Back über die ganze Länge des Schiffes hinzog. Er war aus starken Planken gefertigt und fest mit den Spanten und dem Deck, das den Rumpf nach oben abschloß, verbunden.

Benutzt wurde diese Laufbrücke vor allem von den Matrosen und Soldaten, denen die Aufsicht über die Ruderer oblag, die sie peitscheschwingend kontrollierten und antrieben. (…)

Werfen wir einen Blick ins Innere des Rumpfes: Achtern lag die Kajüte des Kommandanten, davor ein kleiner Vorraum mit einer Treppe zum Deck. Daran schlossen sich der Raum für die Offiziere und ein weiterer Raum für die Vorräte der Offiziere an.

Mittschiffs nahmen die Vorratsräume für Wasser, Brot und sonstige Lebensmittel der Besatzung und der Ruderer den größten Teil des Platzes ein. In der sogenannten Taverne waren die Reservesegel verstaut und die große Persenning, die nachts oder im Hafen zum Schutz vor schlechtem Wetter über das ganze Schiff gezogen werden konnte. In der Taverne waren auch die Soldaten und freien Seeleute der Besatzung untergebracht, während die Ruderer auf den Duchten – den Ruderbänken – oder unter ihnen auf breiten Brettern schlafen mußten. Mittschiffs befanden sich außerdem die Pulverkammer und auf italienischen und spanischen Galeeren die Kombüse. Auf französischen und maltesischen Schiffen wurde die Kombüse an Deck backbord anstelle einer Ducht aufgestellt. Im vorderen Teil des Rumpfes gab es ein kleines Hospital für Kranke und Verwundete, und im Bug waren die Reserveblöcke, Reservetaue und Anker gestaut. Hier befand sich auch das Quartier des Bootsmannes und des Chirurgen.

Wenden wir uns noch kurz den Galeassen zu: Im großen und ganzen war der Rumpf einer Galeasse ähnlich dem einer Galeere konstruiert, nur breiter, kürzer und gedrungener; die unbestreitbare Eleganz der Galeeren fehlte. Pre Theodoro Nicolo gibt für eine Galeasse – er selber bezeichnet sie als „geruderte Galeone" –, die

noch nach dem alten Prinzip gerudert wurde – zwei Riemen pro Ducht, zwei Ruderer pro Riemen –, folgende Größen an: Länge über alles 44 m, Breite 8,2 m, Tiefgang 2,7 m. Das entspricht einem Längen-Breiten-Verhältnis von 5,4.

Im Verlauf des folgenden Jahrhunderts, in dem die Galeeren immer länger und schmaler wurden, näherten sich die Galeassen in ihren Abmessungen mehr und mehr dem Segelschiff. Mit 50 bis 52 m Länge und 10 bis 13 m Breite verringerte sich das Längen-Breiten-Verhältnis auf 4 – 5.

Auffallend ist im 17. Jahrhundert bei den Galeassen das Verschwinden des Rammsporns, der im 16. Jahrhundert noch schwer und eisenverstärkt durchaus seinem ursprünglichen Zweck gedient haben mag. Er wurde ersetzt durch das typische Galion der Segelschiffe jener Zeit.

Das Riemenwerk

Das Riemenwerk als Hauptantrieb der Galeeren und Galeassen nahm nicht nur den größten Platz auf diesen Schiffen ein, es bestimmte auch ihr gesamtes Aussehen.

Es gibt zwei grundsätzliche Regeln für Ruderschiffe: die eine – bereits mehrfach erwähnte – besagt, daß der Rumpf möglichst lang und schmal sein soll, die andere, daß die Riemen möglichst lang sein müssen, um weit ausgreifen zu können. Dies erfordert für ihre Bedienung einen möglichst weit nach außen gelagerten Drehpunkt, um eine vorteilhafte Hebelwirkung zu erzielen.

Das Problem, bei schmalem Rumpf die Riemendrehpunkte weit

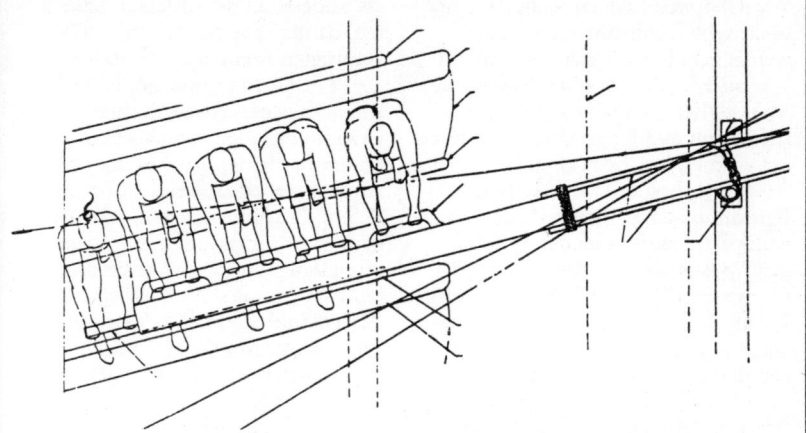

Positionen des Ruders auf einer Galeere.

nach außen zu verlagern, löste man schon in der Antike – wie heute im modernen Rennrudersport – durch Ausleger, das heißt, man verbreiterte über der Wasserlinie den Rumpf erheblich. Um den Tiefgang des Schiffes möglichst wenig zu beeinträchtigen, geschah dies meist mit relativ leichten Stangenkonstruktionen. Dieses Bauprinzip erhielt sich in zahlreichen Varianten und Ausführungen, solange es Galeeren gab.

Auf den Biremen der Antike und des Mittelalters fuhren die Riemen der unteren Reihe, die kürzer waren, gewöhnlich unmittelbar aus der Bordwand, während die ein gutes Stück längeren Riemen der oberen Reihe über einen Ausleger geführt wurden.

Als man dazu überging, Ruderer und Riemen nicht mehr übereinander, sondern in einer Ebene nebeneinander anzuordnen, wurden sämtliche Riemen über einen Ausleger geführt, einen starken Längsbalken, die *Apostis*. Die Apostis war auf Querträgern seitlich außerhalb des Rumpfes montiert. Und wenn diese Querträger später auch an Zahl zunahmen, die Duchten über ihnen befestigt wurden und sie seitlich mit einem schmalen Laufgang, französisch *Courroir,* abgedeckt waren, so änderte sich im Prinzip bis ins 19. Jahrhundert nichts mehr an dieser Bauweise.

Die genaue Länge der Riemen im Verhältnis zur Länge und Breite des Schiffes gehörte zu den streng gehüteten Geheimnissen jeder Schiffbauerfamilie und jeder Werft. Fredrik Henrik af Chapman schrieb 1768 eine Abhandlung für die schwedische Akademie der Wissenschaften „Über das Problem, die richtige Proportion für Ruder zu finden, insbesondere bei Galeeren", in der er mathematisch-theoretisch die Ideallängen errechnete.

Was Chapman jedoch fehlte, war die praktische Erfahrung, und diese weicht gerade im historischen Schiffbau oft erheblich von der Theorie ab. Man verließ sich häufig mehr auf Erfahrung und Fingerspitzengefühl als auf mathematische Formeln.

Ausgangspunkt für all diese Berechnungen ist die Breite des Rumpfes, aus der sich der Abstand der Apostis von der Außenkante der Corsia errechnen läßt. Pre Theodoro Nicolo, der schon mehrfach erwähnte venetianische Galeerenbaumeister, gab den Abstand zwischen Corsia und Apostis für ein 7,5 m breites Schiff mit 4,4 m an, wobei die Corsia selber 0,9 m breit war. Demnach betrug der Abstand zwischen Apostis und Rumpf genau $\frac{1}{3}$ des Abstandes zwischen Außenkante Rumpf und Außenkante der Corsia.

Die gleiche Berechnung für die „Dracène", die hier stellvertretend für die Galeeren des späten 17. und des 18. Jahrhunderts stehen mag: Abstand zwischen Coursie und Apostis 4,0 m, Breite des Rumpfes 6,4 m, Breite der Coursie selbst 1,0 m, Abstand zwischen Apostis und Rumpf also $\frac{1}{4}$ des Abstandes zwischen Außenkante Rumpf und Außenkante der Coursie.

Der Abstand zwischen Apostis und der Außenkante der Corsia bzw. Coursie war gleichzeitig die innere Länge des Riemens bis zum Drehpunkt.

An diesem inneren Teil war eine Griffleiste angesetzt, da der Riemen selbst zu dick für die Hände der Ruderer gewesen wäre und ihnen nicht genügend Halt gegeben hätte. Zu beachten ist hierbei, daß diese Griffleiste einen Griff weniger aufwies, als Ruderer an dem Riemen arbeiteten, da der innerste Ruderer an der verjüngten Riemennock anfaßte.

Die Grundproportionen eines Riemens waren etwa folgende: Die Gesamtlänge des Riemens betrug 1,5 der Breite des Schiffes über die Apostis gemessen, bei der „Dracène" 13,5 m. Die Innenlänge des Riemens hatten wir für die „Dracène" bereits mit 4,0 m – Abstand Apostis zur Coursie – festgestellt, bleiben für die Außenlänge 9,5 m, also knapp 2,4 der Innenlänge. Auf Galeeren des 16. Jahrhunderts scheinen 2,5 die Richtgröße gewesen zu sein.

Das Ruderblatt war auf der „Dracène" 3,25 m lang. Allgemein schwankte seine Länge wohl zwischen 0,3 und 0,35 der Außenlänge des Riemens. Seine größte Breite war etwa 0,1 der Blattlänge, eher etwas breiter.

Niedergang der Galeeren

Mit der Schlacht von Lepanto hatte die Galeere ihren Höhepunkt erreicht, sowohl in Bau und Ausrüstung als auch im Hinblick auf kriegstechnische Einsatzmöglichkeiten. Und doch stammen die schönsten und größten Galeeren – fast ein Anachronismus – aus der zweiten Hälfte des 17. Jahrhunderts und aus dem 18. Jahrhundert, einer Zeit also, in der ihnen schon keine Bedeutung mehr zukam.

Den schweren, plumpen und oft noch schwach bewaffneten Segelschiffen des 16. Jahrhunderts konnten Galeeren durchaus gefährlich werden. Im 17. Jahrhundert jedoch, als die Schußweite der Geschütze größer und die Schnelligkeit und Wendigkeit der Segelschiffe besser wurden, waren

Galeeren nur noch bei Windstille und ruhiger See ernsthafte Gegner, wenn sie vor den kanonenstarrenden Breitseiten weglaufen und sich die Schußposition selbst aussuchen konnten.

Endgültig war ihre Zeit um die Mitte des 17. Jahrhunderts vorbei: Im Juni 1651 lieferte die 26-Kanonen-Fregatte „Lion Couronné" elf Galeeren einen vierstündigen, unentschiedenen Kampf.

Im Juli 1684 besiegte das Linienschiff „Le Bon" ohne fremde Hilfe 35 spanische Galeeren.

1717 fand bei Kap Matapan die letzte Seeschlacht mit Galeeren als Kombattanten statt.

1720 lief die letzte französische Réale vom Stapel.

Und dennoch blieb die Galeere. Sie wandelte sich aber von einem Kriegs- zu einem Repräsentationsschiff, überlebte unberührt von der Weiterentwicklung ringsum das 18. Jahrhundert, und im 19. Jahrhundert gab es sie noch immer.

Wolfram zu Mondfeld:
„Die Galeere vom Mittelalter
bis zur Neuzeit"

Ostsee-„Galeere" des 19. Jahrhunderts.

Galeeren als Kriegsschiffe

Der 4. Kreuzzug, der von 1202 bis 1204 dauert, endet entgegen der Absicht seines Initiators Papst Innozenz III. (1160–1216) unter der Führung von Markgraf Bonifatius II. von Montferrat (1110–1207) und dem venezianischen Dogen Enrico Dandolo (1110–1205) mit der Eroberung Konstantinopels. Die Verwendung von Galeeren spielt beim Erringen dieses Sieges eine wesentliche Rolle.

Der Chronist Gottfried von Villehardouin (1150–1213) nahm selbst am 4. Kreuzzug teil. Kurz vor seinem Tod beschreibt er in seinem Buch die Eroberung Konstantinopels aus der Sicht der Sieger.

Nun sahen sie Konstantinopel ganz vor sich hingestreckt. Die, welche es niemals gesehen hatten, dachten nicht, daß es auf der ganzen Welt eine so reiche Stadt hätte geben können, als sie diese hohen Mauern und reichen Türme sahen, von denen die Stadt umgeben war, und diese reichen Paläste und hohen Kirchen. Es gab so viele dort, daß keiner es geglaubt hätte, wenn er es nicht mit eigenen Augen gesehen hätte; und sie sahen die Länge und Breite der Stadt, die die Königin unter allen Städten ist. Und wisset, daß es keinen so kühnen Mann gab, dessen Körper nicht erschauerte; und es war kein Wunder, wenn sie sich entsetzten, denn niemals wurde ein solches Wagnis unternommen von einem Volke, seit die Welt geschaffen wurde. (...)

Der Doge von Venedig aber hatte nicht gesäumt, vielmehr hatte er seine Ruderschiffe und Segelschiffe alle in einer Linie aufgestellt; diese war wohl drei Armbrustschüsse lang, und er begann sich dem Ufer zu nähern, das unter den Mauern und unter den Türmen lag. Da hättet ihr die Wurfmaschinen von den Schiffen und den Transportfahrzeugen schleudern sehen können, die Armbrustbolzen schießen sehen und die Sturmleitern der Stadt

Konstantinopel.

so nahe kommen sehen können, daß sie sich an mehreren Stellen mit Lanzen und Schwertern zu Leibe gingen, und das Kampfgeschrei war so groß, daß Erde und Meer zusammenzustürzen schienen, und wisset, daß die Galeen nicht zu landen wagten. (…)

Nun könnt ihr die seltene Kühnheit vernehmen, die der Doge von Venedig zeigte, der ein alter Mann war und nichts sah. Er stand ganz gewappnet am Bug seiner Galee und hatte vor sich das St. Markusbanner. Er rief den Seinen zu, sie sollten ihn schnell an Land setzen, wenn nicht, so würde er sie an Leib und Leben strafen. Sie gehorchten sogleich seinem Befehle, und die Galee, auf der er stand, legte sofort am Lande an. Die drinnen waren, sprangen heraus und trugen das St. Markusbanner an Land.

Als die Venetianer das Banner des heiligen Markus an Land sahen, und daß die Galee ihres Herrn Ufer gefaßt hatte, da hielt sich jeder für entehrt, wenn er es nicht ebenso täte. Sie landeten also alle, die aus den Lastfahrzeugen sprangen heraus (…), legten die Leitern an die Mauern an, erstiegen sie mit Macht und eroberten wohl vier Türme. Und sie fingen an, aus den Schiffen, den Galeen und den Transportschiffen zu springen, so schnell und so gut jeder konnte. Sie erbrachen vier Tore und drangen in die Stadt ein, auch begannen sie, die Rosse aus den Lastschiffen zu führen. Die Ritter saßen auf und ritten gerade auf das Lager des Kaisers Murzuphlos zu. (…)

Da hättet ihr sehen können, wie man Griechen niederhieb, wie man Rosse und Zelter erbeutete, Maulesel und Maultiere und andere Habe genug. Da gab es so viele Tote und Verwundete, daß kein Ende und kein Maß war. (…) Konstantinopel wurde genommen am Montag vor Palmsonntag. (…)

Die Feinde aber, da sie unerwarteterweise keinen bewaffneten Widerstand, sondern alle Gassen und Plätze offen und unbesetzt fanden und die Leute alle mit Kreuzeszeichen und heiligen Christusbildern wie bei Prozessionen sich entgegenkommen sahen, ließen sich durch diesen Anblick nicht in ihrer Seele umstimmen, und ihr rasender Andrang und zorniger Blick wurde nicht besänftigt, sondern sie plünderten ungescheut nicht allein den Besitz der Menge, sondern auch das dem Gottesdienst Geweihte, alle mit dem Schwerte bewaffnet, einige auch auf geharnischten Streitrossen… Wie wurden die angebeteten Bilder schimpflich zu Boden geworfen! Wie wurden die Reliquien der für Christus gestorbenen Märtyrer an unheilige Orter geschleudert! Und was schauderhaft auch nur zu hören ist, man konnte das göttliche Blut und den Leib Christi verschüttet und zu Boden geworfen sehen. Sie aber nahmen die kostbaren Gefäße desselben und zerbrachen sie teils und steckten den daran befindlichen Schmuck ein, teils setzten sie dieselben auf ihre eigenen Tische als Brotkörbe und Weinkrüge, sie, die Vorläufer des Antichrists… Was aber in der Hauptkirche [Hagia Sophia] Gottloses geschah, das läßt sich kaum anhören. Denn der Hochaltar, eine Mosaikzusammensetzung aus den wertvollsten Stoffen, die in Feuer zusammengeschmolzen waren und sich zu einer überaus herrlichen Schönheit vereinigten, die von allen

Völkern angestaunt wurde, dieser
wurde zerschlagen und unter die Plün-
derer verteilt, sowie auch der gesamte
unermeßliche und an Glanz uner-
reichbare Schatz des Heiligtums. Und
da es nötig wurde, nicht allein die heiligen Geräte und Kleider von unüber-
trefflicher Kunst, sondern das reine
Silber, welches die Altarschwelle, die
Schranken des Altars und die stau-
nenswerte Kanzel umgab, und die
sehr zahlreichen andern Schmuckge-
genstände, die mit goldumrandetem
Silber eingefaßt waren, wie gewöhnliche Beutestücke hinausbringen
zu lassen, so führte man Maulesel
und andere Lasttiere gesattelt bis an
das Allerheiligste ... Jedermann war
in Not; Wehklagen und Tränen
waren auf allen Gassen und Plätzen
und in allen Kirchen, Wegschleppung,
Schändung, Knechtung, Gewalttat
überall. Es gab kein Asyl und nichts,
was undurchsucht geblieben wäre.

Gottfried von Villehardouin:
*„Die Eroberung von Konstantinopel
durch die Kreuzfahrer im Jahr 1204"*

*Der Ulmer Stadtbaumeister Joseph Furt-
tenbach (1591–1667) gibt in seiner
Schiffbaukunde „Architectura Navalis"
auch eine genaue Beschreibung der
Schlacht von Lepanto, die die Menschen
noch Jahrzehnte später bewegte.*

Endtzwischen berathschlagte sich der
Christen Armata, mit was List sie den
Feind auß seinem Vortheil / vnnd
also auß dem Golfo di Lepanto herauß locken möchten / vnd brauchten
hierzu maniche Stratagemia, die
begabe sich gegen Patrasso, von dahr
auß nahet sie sich bißweilen nur mit
etlich wenig Galeen biß zur Einfahrt
di Lepanto, theten allda am Gestadt
grossen Schaden / das verursachte den
Feind / den Christen nachzusetzen.
Dahero sich die gantze Türckische
Armata den .6. Octobris Abends vmb
.22. Uhr (nach Italienischer Stund) in
guter Schlachtordnung auß dem
Golfo di Lepanto herauß begabe / vnd
sich alla Spiaggia oder am Gestadt /
di Galanga, also stillstehend gehalten.
Bald hernach und auff dem .7. Dito /

rüsteten sich die Türcken / der Christen Armata mit allē Ernst / vnd gar in irem Porto zu Cuzolari zu vberfallen / ehe sie es gewahr wurden / die Christen aber haten von allem seinem Vorhaben gute Wissenschafft / vnd rüsteten sich auch mit grossem Fleiß vnd Vorsichtigkeit dem Feind dapffer vnnd Mannlich zubegegnen / sintemahlen jnen biß auff die .17. Stund Zeit vnd Platz darzu gelassen wurde / hier thete man die Allmacht Gottes Augenscheinlich spüren / vnd war das erste Wunder deß Höchsten / in dem der Christen Armata zu Cuzolari vnd allein .10. Welscher Meil von Lepanto gelegē / der Feind aber jr Außrüstung nit erfahren / noch die Christen vor dem Gestadt sehen mögen. Zum Andern so erhube sich ein gar sanffter Wind also in der Christen favor, dz er jr Armata gleichsamb selbert gegen den Türcken hinzu geführt / fürnemblich aber das wann die Christen geschossen / so ist der Rauch von jhrem Geschütz bald von jhnen gewichen / zu jrem grossen Vortheil / dahero sie ohne confusion mit frischem Gesicht compatieren könden / dem Feind aber / vnnd zu seinem eüssersten Verderben / wehete solcher Wind den Rauch also in die Augen / daß jhme das Gesicht benommen / dardurch sie offt nit wusten / wa sie daran / Vnd von wegen diser Vnglegenheit einander selbert beschedigten. Dann hiezugegen Gottes Allmacht also Handgreifflich gesehen worden / daß sich alle rechtgeschaffne Christen jederzeit / auff sein Hülff und Gnad festiglich verlassen sollen / vnd also ein gnugsames Exempel an disem haben / darauff vnnd als der Feind herbey

kame / begabe sich der Christen Armata auch herauß / vnnd stellete sich zimblich ferne vom Gestadt / also daß die Türcken vermainten / sie wolten jhnen endtweichen / aber alles war dahin angesehen / den Feind besser herbey von seinem / vnnd in der Christen Vortheil zubringen / endtzwischen wurde der Christen Geschütz nicht nur mit gemeinen Eisern Kuglen / sonder auch mit Hagelbüchsen / vnd Ketten / sampt allerhand Fewrwerck / vnd verderblichen Sachen geladen / beneben so haben sich auff jeder gemeinen Galeen .100. auff den Capitanien Galeen, fürnemblich aber

Belagerung Konstantinopels durch die Türken im Jahr 1453. Auch die Türken benutzten beim Angriff auf die Stadt von der Seeseite her Galeeren.

auff den Galeazzen, noch ein mehrers bewehrter Soldaten befunden. (…)

Als nun beede Armata einander nicht lang ansahen / sonder die Christen namen den grossen favor deß hievorangedeüten Windeß wol in Achtung / vnd fuhren mit grossem Geschrey und Gebett / daß jnen der starcke Gott jetzt beystehn vnd Hülff laisten wolte / frisch auff die Türcken hinein: sie die Christen erledigten auch jre / nemblich die Christen Sclaven von jren Ketten / gaben jhnen zugleich Waffen in die Hand mit dem Zusprechen / daß sie an jetzo vmb Jesu Christi willen sollen streitten. Die Hauptleüt sprachen in wehrendem Hineinfahren dem Kriegsvolck also zu. Hora e il tempo valorosi fratelli di aquistare immortal nome, & æterna gloria, di fare in un sol punto giusta vendetta di tante ricevute offese,

oder: ihr liebe dapffere Brüder / jetzt ist die Zeit / ein vnsterblichen Namen sampt ewigem Lob zuerlangen / vnd in einem Augenblick an der vom Feind vil empfangenen Schmach vns zu rechen / darauff gabe das Volck dise Antwort: Non si dubiti vostra Altezza Siamo qui per questo, & nesty sicura che non mancheremo del debito nostro, oder ewer Alteza wölle nit zweifflen / dann wir seind deßwegen hier / sie seyen versichert / dz wir an vnserm schuldigen Fleiß vnd Dapfferkeit nichts wöllen ermanglen lassen / sein Alteza aber begabe sich widerumben auff die Galea Reale, vnd neben der selbigen fuhren die zwo General Galeen, als der Colona & veniero, die dann in wehrendem Treffen alles nach höchstem Verstand anordneten / da hörete man von Trōmeten / Zincken / Baucken vñ

Pfeiffen / ein heroisches Kriegsge-
schray / der Mars aber mit seinem
grossen Gethön deß groben geschüt-
zes / liesse sich also hören / daß es
Menschlich darvon zureden / dem
grossen Tag deß Erren ein Vorbildung
gewesen / es machte auch diser
Pompa und schöne Ordinantz / dem
Kriegsvolck Hertz und Muth / vnd
alles Volck schrye mit heller Stim: Gott
Vatter Sohn und H. Geist / stärcke
vnsere Arm / vnd komme vns zu
hülff / vmb deines Namens willen /
auff daß dein Erbtheil nit gar zerstre-
wet werde / etc. Was dises Schlagen /
Krachen / schreyen vnd Plitzen / für
ein grausames Ansehen vnd Spectacul
gewesen / das haben mir / der ich
dises schreibe / die jenige Personen /
so darbey waren / vielmals / vnd zu
lustigem Anhören Mundlich zuerkön-
nen gegeben. In Sonderheit zaigt mir
der Sigr. Simon Cornelius von Ant-
torff / jngleichem der Maister Hans
Hertz / Platner von Veldkirch an /
das fürnemblich in disem Treffen die
.6. Venedische Galeazzen gleich zum
Anfang durch der Türcken Armata
gefahren / vnd mit dem groben Geschütz hinden / vornen / vnd zu beden
Seiten / solcher massen gespilt / dz
sie den Feind in Belde auß seiner
Ordnung gebracht vnd zertreut / jnen
folgeten die andere Galeen nach /
dahero ein erschröckliches treffen biß
in .4. Stund lang geschahe / vnnd
man jedoch bald spüren thete / daß
der Allmächtige Gott die Victoria den
Christen in die Hand gegeben. Deßwegen sie forthan mit vnerschrocke-
nem Hertzen in den Feind setzten:
darüber dem Mehemet Sirocco das
Hertz also endtfallen / daß er sich mit
der Flucht salvieren wolte. Aber der

lincke Flügel der Christen Armata,
welchen wie vornen gemelt / der
Augustino Barbarigo regierte / ersahe
seinen Vortheil bey einem Berglin
Malcantone genant / vnd nahend am
Gestadt / dergestalt / daß er den
Sirocco gantz einschlosse / darauß
dann ein gar ernstliches Treffen erfol-
gete. Sintemahlen offt .2.3. ja biß in
.6. Galeen zusammen gefesselt /
damit man darob gnugsamen Platz
hatte / das Volck in ein Schlachtordnung zustellen / vnd also mit dem
Handgeschoß vnnd von der Faust /
sehr Mannlich traffen vnd schlugen.
Es wurde auch durch das Fewrwerck
dem Feind mit anzindung seiner
Galeen, vnnd verbrennung seines
Volcks in disem engen Paß (da man
nicht weichen könte) also starck zuge-
setzt / das fast alles von deß Sirocco
Armata zu Grund geschossen / vnd
verderbet wurde / ja solcher Gestalt /
daß man ein erschröckliches Spectacul von den erschlagenen auch ver-
brendten Cörper / vnd das Meer von
vilem vergossenen Blut rot sahe (vnd
wölle der Architetto Navale hie ge-
warnet sein / die Sperone oder Schnä-
bel an den Galeen nit zu hoch zuer-
bawen / sintemahlen solches vbersehen
an jetzo wol gespürt wurde / demnach die Türcken an jren Galeen gar
hohe Proda vnd Sperone gehabt / dergestalt / daß wann sie in der Eil mit
dem canone di Corsia geschossen / so
haben die Kuglen desselbigen darauff
gegölt / vnd den Christen kein
Schaden gethan) endtzwischen hat
sich der Generalissimo Donn Giovanni
di Austria (bey jme vnd auff seiner
Real Galea befanden sich die besten
Soldaten / sampt einem ansehenli-
chen Adel) mit dem Ali, gran General

(welcher auff seiner grossen Galeen viel Janitscharen sampt .100. Bogenschützen führete) in ein starckes Treffen eingelassen / vnd endlich den Ali vberwunden / darauff die Christen schryen Victoria, Victoria, Victoria, nach solchē verlohre der Feind Hertz und Muth / dahero der Occhiali auff alle Mittel gedachte / mit den noch vbrigen Galeen zuendweichē. Aber der Giovann Andrea Doria gabe gut achtung jne Occhiali zuempfahen / wie dann auch beschahe. Nichts destoweniger gienge ein scharpffes Treffen erst zu letst mit jme an / also daß es vil Christen kostete / vnd ist doch endlich er Occhiali mit .30. oder wie etliche melden / mit .40. seiner vnterhabenden Vasselli endtruñen / (wie er aber hernach mit erschröcklichem Ende sein Leben beschliessen hat müssen / das wirdt zu letst in disem Buch auch vermeld) der vberrest aber von der Türckischen Armata ist alles von den Christen erschlagen / vnd theils gefangen worden / mit grossem Frolocken vnd Dancksagung gegen dem starcken vnnd Allmächtigen Gott / daß er den Feind vnd Bluthund also in der Christenhand gegeben / vnd sie dises Lasts endlediget. (…)

Nach diser Gloriosen Victoria namen die Christen den besten Raub mit / vnd begaben sich in den Porto Petala, auch in die andere nahend darbey gelegene Meerhäfen. Man hate aber ein gute Zeit zuthun / die beschedigte Christen zu curiren, vnnd die zerfetzte Galeen, vnd Schiff widerumben zuflicken. Vnd diß ist der kurtze / doch eigentliche Verlauff diser grossen Meerschlacht / dergleichen von Cæsare Augusto Zeit an / biß auff gegenwertige nie ist gehört / noch gesehen worden. Zu disem Treffen aber haben die Christen auch nit geringen

Schaden erlitten / vnd derer wie hernach soll specificiert werden / biß in die .7656. vmb ihr Leben kommen.

Aus Joseph Furttenbachs Aufstellung, was jeder an Bord einer Kriegsgaleere an Nahrungsmitteln bekommt, wird deutlich, daß es auch hier ganz auf die soziale Stellung ankommt, wie man versorgt wird.

Von Außtaillung deß Proviandts / nemblich was man jeder Person täglich für jhr Zehrung vnd Unterhaltung auff der Galea geben thut.

Die Erste Portion / der Capitano oder der Hauptmann / hatt täglich .5. Pfund Flaisch .5. Amole Wein / vnd vmb .5. Schilling Brott / zuverzehren / an den Fasttägen aber vnnd auß mangel deß Flaisch / bedient er sich der Fisch / Eben ein solche Portion wird dem Comito reale auch täglich geraicht.

Die Ander Portion / deß Hauptmannsdiener hatt täglich .1½. Pfund Flaisch .1½. Amole Wein/ vnnd vmb .2. Schilling Brott für sein Vnderhaltung / an den Fasttägen aber wird jme an stat deß Fleisches .1. Pfund Käß / sampt ein wenig Fisch geraicht.

Die Dritte Portion ist .3. Pfund Flaisch .3. Amole Wein / vnd vmb .2. Schilling Brott / an den Fasttägen aber auß mangel deß Flaisches .1½. Pfund Käß / sampt eingesaltzenen Fischlin mit Oel vnd Essich. Soviel wird täglich dem Comito, oder dem Auffseher vber die Sclaven / wie auch dem Scrivano, oder dem Schreiber geraicht.

Maltesische Galeere, Stich in Furttenbachs „Architectura Navalis".

Die Vierte Portion ist .2. Pfund Flaisch .2. Amole Wein / vnd vmb .2. Schilling Brott / oder aber .2. Pfund schweer Biscotten / welche dem Sotto Comito, oder dem vnder Comito, Ingleichem dem Agosino (der ist fast wie ein Schergant / so die Sclaven an die Ketten schmidet / auch dieselbige widerumben darvon ablöset / darmit er dann grosse Geschäfft hatt) vnd allso jedem ein solche Portion täglich gegeben wird / an den Fasttägen aber wird anstat deß Fleisch .1. Pfund Käß .6. Sardene, daß seind klein eingesaltzene Fischlein / sampt ein wenig Oel vnd Essich geraicht.

Die Fünffte gemaine Portion ist .1. Pfund Flaisch .1. Amola Wein / vnd vmb .2. Schilling Brott / oder .2. Pfund schweer Biscotten / an den Fasttägen aber / so wird an stat deß Fleisch .½. Pfund Käß / sampft .3. Sardene, mit wenigem Oel vnd Essich gegeben.

Die Sechste Portion ist .½. Pfund Fleisch .1½. Amola Wein/ sampt einem Schisselin mit warmer Menestra von Reiß / Erbis / Kraut / oder dergleichen Ding / so am allerwenigsten kosten thuet / vnnd .28. Vntz schwer schlecht gemaine Biscoten / an Fasttägen aber / auß mangel deß Fleisch / soviel Käß / dise Portion wird jedem Bonavoglia (daß seind die jenige Christenkinder / so dem Spilen also ergeben vnd affectioniert. Daß sie sich mutwilliger Weiß auff die Galea selbert versetzen / oder verpfendet haben) täglich für sein Vnterhaltung gegeben.

NB. Es ist zu wissen / daß es drey gattungen Ruderknecht hatt / Erstlich die obgedachte Bonavoglia oder guttwillige / die werden etwas

gelinders vnd am besten gehalten / Zum Andern seind die Sforzati, oder bezwungene Christen / welche vmb jhr begangene Missethat willen / offt .2. .3. .10. biß in .20. Jahr lang / thails aber in Vita, oder jhr Lebenlang auff die Galea condemnirt werden / Zum Dritten die Sclaven, daß seind Turcken so gefangen worden / vnd also ewige Knecht verbleiben müssen. Ferrner vnd zu Weihennächten / Fasnacht / Ostern / vnd an aller Seelentag / so wird so wol den Sforzati, als auch den Sclaven, vnd also jedem für ein Allmosen vnnd Ergötzlichkeit / auff solche Täg / auch ein obangedeüte Sechste Portion geraicht / sonsten aber nie nicht / es were dann Sach daß sie die Ruderknecht in grosser fortuna, oder in einem Kampff / gegen dem Feind schwere Arbait erlitten hetten / Alsdann so möchten sie auch für dasselbige mahl ein dergleichen Portion per gratia empfahen.

Die Sibende Allerschlechteste Portion ist .28. Vntz / oder .51. Lott schweer der schlechten gemainen Biscotten / soviel gibt man täglich jedem Sforzato vnd Sclavo für sein Vnterhaltung / jedoch vnnd dreymahl in der Wochen / Nemblich am Sontag / Dienstag / vnnd am Donnerstag / so wird beneben oberzehltem / jnen auch ein Schüsselin mit Menestra von Reiß / Bonen / oder Krautt geraicht / sampt täglichem Wasser soviel als sie mögen.

Joseph Furttenbach:
„Architectura Navalis"

Der 4. Kreuzzug und der Aufstieg Venedigs aus heutiger Sicht

Die venezianischen Politiker haben den Aufstieg ihrer Seerepublik mit gutem Gespür für politische Macht und finanzielle Gewinne vorangetrieben. Dies bestätigen die Überlegungen der modernen Historiker.

Hans Eberhard Mayer, der als Professor für Mittlere und Neuere Geschichte an der Universität Kiel lehrt, gilt als eine der Koryphäen für die Geschichte der Kreuzzüge. In seinem Standardwerk „Geschichte der Kreuzzüge" beschreibt Mayer, wie eng der Aufstieg Venedigs mit dem 4. Kreuzzug verbunden ist.

Die drei Grafen schickten sechs Gesandte nach Italien, die mit einer der Seerepubliken einen Vertrag über den Transport des Heeres aushandeln sollten. Die Verhandlungen sind ein Meilenstein in der Geschichte der Diplomatie, denn wir begegnen hier erstmals Generalbevollmächtigten mit völliger Handlungsfreiheit. Die Gesandten hatten von ihren Herren fertig gesiegelte Blankopergamente für den Vertrag dabei. Sie waren es auch, die sich Venedig als Partner aussuchten. Der Vertrag, den sie mit dem

Dogen Enrico Dandolo (1192–1205) schlossen, sah vor, daß Venedig den Schiffsraum und die Verpflegung auf ein Jahr für 4500 Ritter, 9000 Knappen und 20000 Fußsoldaten stellen und sich überdies mit 50 Kriegsschiffen aktiv am Kreuzzug beteiligen solle. Als Fahrpreis vereinbarte man 85000 Mark Silber, zahlbar in vier Raten. Die Heeresziffern beruhten auf Schätzungen der Gesandten und erwiesen sich später als weit überhöht. In einem geheimen Zusatzabkommen vereinbarte man Ägypten als Angriffsziel, doch kamen die Parteien überein, die Kreuzfahrer zunächst im Glauben zu lassen, es gehe ins Hl. Land, da man sonst Schwierigkeiten fürchtete. Ägypten war aber tatsächlich das einzig vernünftige Kriegsziel, denn man konnte auf eine durchgreifende Hilfe für Jerusalem nicht hoffen, wenn man nicht zuvor das Zentrum der aiyūbidischen Macht in Ägypten entscheidend traf.

Kaum waren die Gesandten mit dem Vertrag heimgekehrt, als Theobald von der Champagne starb. Auf einer Versammlung in Soissons (Juni 1201) wählten die Barone nunmehr den Markgrafen Bonifaz von Montferrat als neuen Anführer. Die Wahl eines Italieners muß überraschen, wenn sie auch vom französischen König gefördert worden war. Aber die Montferrat hatten seit Generationen immer wieder Ostkontakte aufgenommen und gepflegt, sowohl mit dem Hl. Land wie mit Byzanz. Die Familie hatte unbestreitbar eine Osttradition. Ob Bonifaz schon damals Ansprüche auf Thessalonike erhob und damit von vornherein die Absicht hatte, auf griechischem Boden zu kämpfen, ist ungewiß.

Hans Polhamer d. Ä.: Entwurf zur Statue des Kreuzritters Gottfried von Bouillon, des ersten Königs von Jerusalem.

Der festgesetzte Reisetermin im April 1202 verstrich ungenutzt. Die Burgunder und Provenzalen entschieden sich für das nähere Marseille als Verschiffungshafen und schwächten dadurch das Hauptheer. Die Nordfranzosen und ein kleines deutsches Kontingent unter dem elsässischen Zisterzienserabt Martin von Pairis zogen nach Venedig. Hier geriet das Heer bald in die peinlichste Geldverlegenheit, weil nur etwa 10000 Mann zusammengekommen waren, die Venezianer aber den auf der Grundlage von 33500 Mann kalkulierten Preis nicht herabsetzten. Trotz aller Bemühungen mußte man 34000 Mark schuldig bleiben. Da schlug der Doge ein Schuldenmoratorium vor, falls die Kreuzfahrer bereit seien, die 1186 von Venedig abgefallene Stadt Zara an der dalmatinischen Küste von dem König von Ungarn zurückzuerobern. Den Anführern blieb nichts übrig, als diesen Vorschlag anzunehmen, da die Venezianer sonst auf sofortige Bezahlung gedrungen hätten. Aber schon zu diesem Zeitpunkt regte sich der Protest im Heer, weil der Angriff eines Kreuzheeres auf eine christliche Stadt als Sünde ohnegleichen erschien. Die Opposition wurde überstimmt, und im Oktober 1202 segelte die Flotte von Venedig ab. Am 24. November wurde Zara erobert, nicht ohne daß es vorher erneuten Widerstand gegeben hätte, als dessen Zentrum sich die Zisterzienser unter dem Abt von Les-Vaux-de-Cernay sowie eine Gruppe nordfranzösischer Barone unter Simon de Montfort herausbildeten. Sie hatten die Unterstützung des Papstes, dessen Einspruch aber wirkungslos blieb. Freilich verfiel nun das gesamte Heer der Exkommunikation. Nur mit Mühe konnten die Franzosen und Deutschen erreichen, daß wenigstens der über sie verhängte Bann aufgehoben wurde. Die Venezianer blieben exkommuniziert, doch verbot der Papst nicht, mit ihnen weiterhin menschlich und politisch zu verkehren. (…)

Die Diskussion wurde 1861 durch Louis de Mas-Latrie eröffnet, der die Venezianer des Verrats beschuldigte, weil sie, wie der zypriotische Chronist Ernoul schon im ersten Viertel des 13. Jahrhunderts berichtet hatte, angeblich noch vor der Abfahrt aus Venedig einen Handelsvertrag mit Ägypten geschlossen und versprochen hätten,

den Kreuzzug nach Byzanz umzuleiten. Ernoul gab die Meinung der zypriotischen Franzosen wieder, die ihre Landsleute von der Schuld an dem skandalösen Unternehmen exkulpieren wollten. In der Tat paßte die Abweichung des Zuges prächtig in das politische Konzept des greisen Dogen Enrico Dandolo, der ein kühler Realpolitiker großen Formats und der Emotion der Kreuzzugsidee nur wenig zugänglich war. Sein Streben ging darauf, die Vormachtstellung Venedigs im östlichen Mittelmeer endgültig zu sichern. Zwar war Venedig seit 1082 im byzantinischen Reich beispiellos privilegiert, doch hatten die Kaufleute immer wieder, zuletzt 1182, unter heftigen byzantinischen Pogromen zu leiden gehabt, und die byzantinische Regierung hatte den venezianischen Druck dadurch zu erleichtern gesucht, daß sie auch den Rivalinnen Pisa und Genua Handelsbegünstigungen gewährte. Es ist aber nicht zu beweisen, daß der Doge schon im Lager von Zara die völlige Auslöschung des byzantinischen Reiches beabsichtigt hätte. Die antivenezianische Theorie erhielt indes mächtigen Auftrieb, als Karl Hopf 1867 mit seiner ganzen Autorität Einzelheiten der venezianisch-ägyptischen Verhandlungen schilderte, die Namen der Unterhändler nannte und den Inhalt des Vertrages vom 13. Mai 1202 mitteilte. Den Beleg blieb Hopf freilich schuldig, und es war eine peinliche Entdeckung, als Hanotaux und Streit 1877 unabhängig voneinander nachwiesen, daß Hopfs Vertrag nie existiert hatte und Hopf bestenfalls einen längst bekannten Vertrag im Auge gehabt haben konnte, der

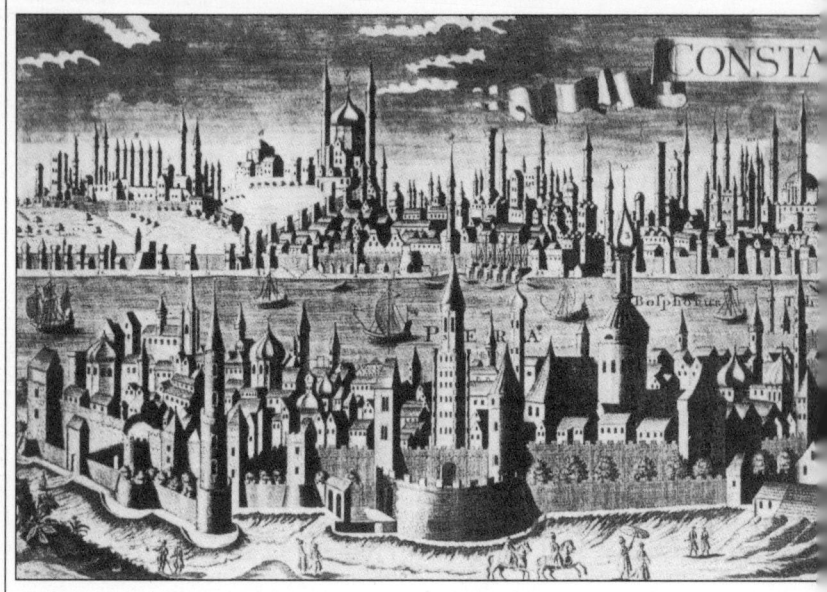

Stich von Konstantinopel (um 1700).

jedoch zu 1208 einzureihen war.
Waren die Venezianer damit freige-
sprochen, so hatte der Graf Riant
bereits 1875 den Akzent verschoben:
nicht mehr die Venezianer, sondern
Philipp von Schwaben und sein
ghibellinischer Verwandter Bonifaz
von Montferrat waren nunmehr
die Verschworenen. In der Tat ließ
Philipp von Schwaben ja seinen
Schwager Alexios IV. den Kreuzfahrern im Lager von Zara empfehlen.
Es ist ganz unbestritten, daß er seine
Hand bei der Richtungsänderung im
Spiel hatte, aber fraglich, ob es sich
dabei um ein lange und sorgfältig vor-
bereitetes Komplott handelte. Philipp
war ja der politische Erbe der alten
normannisch-staufischen Pläne gegen

Byzanz; seine Ehe mit Irene brachte
ihn noch stärker mit der byzantinischen Frage in Berührung: die Fami-
lienbande legten ihm die Unterstützung des Prätendenten nahe. Aber
man muß doch auch bedenken, daß
Philipp in der fraglichen Zeit in
einem Kampf um Leben und Tod
mit Otto IV. und Innocenz III. begrif-
fen war, daß er kaum Zeit hatte, sich
intensiv und aktiv handelnd um die
byzantinischen Dinge zu bemühen,
daß er seinen Schwager, dem er selbst
nicht helfen konnte, vielleicht nach
Zara abschob, um ihn zunächst
einmal los zu sein, was nicht aus-
schloß, daß er von einem Erfolg des
Unternehmens später zu profitieren
gedachte. (…)

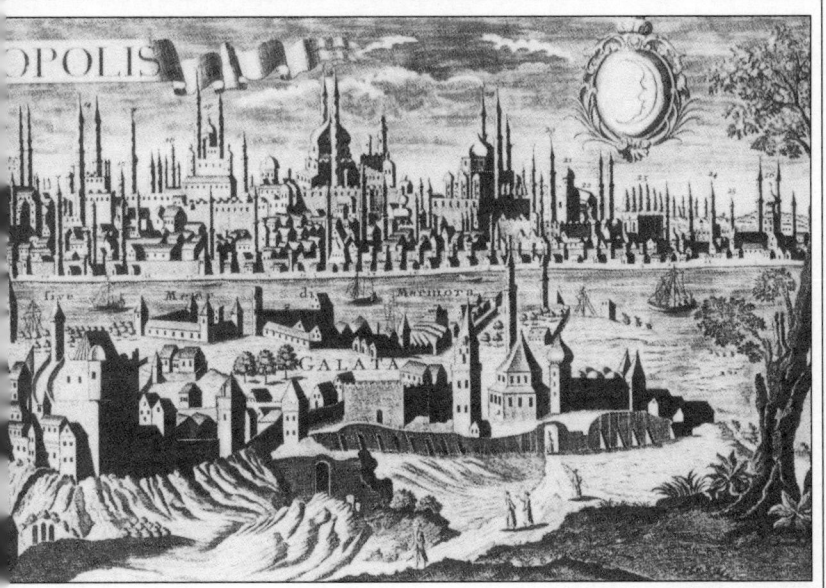

Diesmal hatte der Sturm auf die Stadt mehr Erfolg. Am 12. April konnten die Kreuzfahrer die Mauern besetzen; am 13. April 1204 war alles zu Ende. Drei Tage lang herrschte ein unbeschreibliches Morden und Plündern in der Stadt. Unersetzliche Kulturwerte in unvorstellbarer Zahl gingen in den Händen der barbarischen Soldateska zugrunde. Als großartigstes Beutestück brachten die Venezianer die berühmte Quadriga aus dem 6. Jahrhundert v. Chr. nach Hause, die heute die Front des Markusdomes ziert. Aber auch die Reliquienjäger kamen jetzt zum Zuge. In naiver Offenheit berichtet Gunther von Pairis, wie sein Abt Martin in der Pantokratorkirche einen griechischen Priester mit dem Tode bedrohte, bis dieser ihm einen Reliquienhort zeigte, der den Abt stärker beeindruckte als alle Schätze Griechenlands. „Und er tauchte beide Hände eilig und begehrlich hinein, und kräftig geschürzt wie er war, füllte er den Bausch der Kutte mit dem heiligen Kirchenraub", um die Beute dann fröhlich lachend zum Schiff zu bringen. Gunthers Reliquienliste weist Abt Martin in der Tat als rüstigen Mann aus, denn der Raub umfaßte eine Spur vom Blute des Herrn, ein Stück vom wahren Kreuz Christi, einen nicht geringen Teil des hl. Johannes, einen Arm des hl. Jakobus, einen Fuß des hl. Kosmas, einen Zahn des hl. Laurentius, Reliquien von weiteren 28 männlichen und

8 weiblichen Heiligen sowie Reste, größtenteils Steinbrocken, von 16 heiligen Stätten. Auch in Frankreich kennen wir noch eine Menge Reliquien, die damals in Konstantinopel geraubt wurden. Während Villehardouin rühmte, daß nie zuvor in einer Stadt so reiche Beute gemacht worden sei, sang auf der anderen Seite der Chronist und Augenzeuge Niketas später, obwohl er selbst von einem ihm befreundeten venezianischen Kaufmann geschützt worden war, ein ergreifendes Klagelied auf den Fall der Stadt, ein rhetorisch brillantes Dokument ohnmächtigen Hasses, reichlich durchsetzt mit Zitaten aus dem Buch Hiob und den Klageliedern des Jeremias. Die seit dem ersten Kreuzzug ständig gewachsene Feindschaft der Lateiner gegen die Griechen hatte mit der Eroberung von Byzanz ihren größten und schändlichsten Triumph gefeiert.

Gemäß den Bestimmungen des Vertrages vom März 1204 wurde das byzantinische Reich mit größter Kaltblütigkeit und Methodik zerlegt, die die kühle Staatsraison der Venezianer erkennen läßt. Die venezianischen Forderungen an die Kreuzfahrer wurden mit drei Vierteln der Beute abgegolten. Dann trat das vorgesehene Wahlkonzil aus 6 Venezianern und 6 Franken zusammen, um einen neuen Kaiser zu wählen. Der venezianischen Einheitsfront gelang es mühelos, die Kandidatur des Bonifaz von Montferrat zu blockieren und statt dessen den schwächeren Balduin von Flandern (1204–1205) wählen zu lassen, der am 16. Mai mit byzantinischem Gepränge, aber durchaus nach lateinischem Ritus in der Hagia Sophia zum ersten

Kaiser von Romania, dem lateinischen Kaiserreich von Konstantinopel, gekrönt wurde und nach byzantinischem Vorbild seine Urkunden mit roter Tinte unterschrieb. Dennoch besaß er nur einen Schatten der Herrschaftsfülle seiner byzantinischen Vorgänger. Der Vertrag von 1204 entmachtete ihn von vornherein dadurch, daß er von der Verteilung der rund 600 Lehen ausgeschlossen wurde, sich also keine Hausmacht schaffen konnte. Die Verteilung erfolgte durch eine paritätisch besetzte venezianisch-fränkische Kommission. Vertragsgemäß erhielt der Kaiser den Blachernenpalast und den Bukoleonpalast in Konstantinopel sowie ein Viertel des Reiches, und zwar Thrakien und das nordwestliche Kleinasien nebst den Inseln Lesbos, Chios und Samos. Bonifaz, der Ansprüche auf Kleinasien erhoben hatte, gründete sich unter manchen Schwierigkeiten in Makedonien und Thessalien das Königreich Thessalonike, in dem ethnisch die Lombarden überwogen. Die Venezianer waren klug genug, von ihrem Anteil nur zu nehmen, was sie halten konnten. Sie verzichteten auf Epiros und die Morea (Peloponnes), faßten aber Fuß an der Adriaküste, besetzten einige Hafenstädte an der peloponnesischen Westküste, ferner die Jonischen Inseln sowie Stützpunkte im Archipel. Hier gründete Marco Sanudo 1207 ein Herzogtum des Archipel mit Naxos und Andros als Schwerpunkten und der Herrschaft über die Zykladen. Auch über Euböa übte Venedig eine Schutzherrschaft durch seine Baillis in Negroponte aus, die die venezianischen lehnsherrlichen Rechte gegenüber den lombardischen Vasallen vertraten. Von Bonifaz erwarb Venedig käuflich dessen Ansprüche auf Kreta, das als Candia bis 1669 ein venezianischer Vorposten im östlichen Mittelmeer blieb. Ferner fielen den Venezianern die wichtigsten Häfen am Hellespont und am Marmarameer zu und in einer neuerlichen Reichsteilung im Oktober 1204 noch drei Achtel der Stadt Konstantinopel mit der Hagia Sophia. Die Venezianer kontrollierten nun völlig den Seeweg von Venedig nach Byzanz. Es war jetzt ein venezianisches Kolonialreich entstanden, das erst im 16. Jahrhundert der osmanischen Expansion zum Opfer fiel. Regiert wurde es durch einen venezianischen Podestà mit Hilfe eines Rates und unterstand nach anfänglichen Schwierigkeiten der festen Kontrolle der Republik von San Marco. Im Oktober 1205 regelte ein neuerlicher Vertrag die Kriegsdienstpflicht der Venezianer und schuf als eine Art obersten Regierungsorgans einen gemischt venezianisch-fränkischen Staatsrat, dem der Kaiser präsidierte. Die drei Verträge vom März und Oktober 1204 und vom Oktober 1205 blieben das Rückgrat der Verfassung, und jeder Kaiser hatte vor der Krönung diese Verträge zu beschwören. Die Assises de Romanie berichten, man habe für das lateinische Kaiserreich das Recht von Jerusalem übernommen, doch ist dies eine späte Legende. Man kannte im Kaiserreich vermutlich nur mündlich tradiertes Gewohnheitsrecht. Freilich waren die Interessen des Kaisers, seines mächtigen Feudaladels und der Venezianer so unterschiedlich, daß die Verfassung nur einer fortschreitenden

Schwächung des Staatswesens Vorschub leistete.

Der sogenannte „Kreuzzug" war zu Ende, und niemand sprach mehr von der Hilfe für das Hl. Land. Die Eroberer setzten sich für die Dauer im Lande fest. Der Papst und das Abendland waren zunächst begeistert über den Fall des verhaßten Konstantinopel, der civitas diu profana (der „lange schon entweihten Stadt"). Als der Papst jedoch von den Greueln der Eroberung hörte, war er aufs äußerste entsetzt. Dennoch fand er sich mit der geschaffenen Lage ab, denn er war Optimist genug, um sich von einem festen fränkischen Staat in Griechenland starke Hilfe für die Terra Sancta und überdies die Herstellung der lang ersehnten Union der griechisch-orthodoxen mit der römischen Kirche zu erhoffen. Nach dem Märzvertrag von 1204 wurde das Kapitel der Hagia Sophia allen Regeln des Kirchenrechts zuwider von den Venezianern besetzt, weil die Franken ja den Kaiser gestellt hatten. Das Amt des lateinischen Patriarchen von Konstantinopel wurde fortan trotz allen päpstlichen Bemühungen eine ziemlich feste venezianische Pfründe.

Hans Eberhard Mayer:
„Geschichte der Kreuzzüge"

In seinem Buch „Die bewaffneten Wallfahrten gen Jerusalem" (1973) stellt Hans Wollschläger die Geschichte der Kreuzzüge aus einem sehr persönlichen Blickwinkel dar. So ist die Beschreibung der Eroberung Konstantinopels unter der Führung der Venezianer weniger eine objektivierende historische Darstellung als vielmehr Wollschlägers Versuch, sich intensiv mit diesem seltsamen Irrläufer der Kreuzzüge auseinanderzusetzen.

Die nötigen Vehikel zum Seetransport des Heeres sollte Venedig stellen – natürlich nicht gegen Sündenablaß, sondern gegen bar: ein Einfall, der von Innozenz selber stammte. Er sollte ihn noch bereuen. Im Februar 1201 erschienen sechs prominente Abgesandte in der Krämer-Republik, um mit dem Dogen zu verhandeln (denn sie wußten, daß kein Volk so große Macht besaß als er und das seine) – an der Spitze der Marschall der Champagne, Geoffroi de Villehardouin, dem Geschichte und Literatur ein farbiges, französisch geschriebenes Erzählwerk über den Kreuzzug verdanken. Der Doge, Enrico Dandolo, ein fast blinder, 93jähriger Greis von gleichwohl fürchterlicher Rüstigkeit, machte ein glänzendes Geschäft: für die horrende Summe von 85 000 Mark Silber kölnischen Gewichts hatte Venedig das Kreuzheer (nach der Vorschätzung 33 500 Mann) ein Jahr lang mit seiner Flotte zu transportieren und zu versorgen; die Stadt selber wollte sich mit einem halben Hundert Galeeren beteiligen, wofür sie mit einem halben Hundert Prozent an der Beute zu beteiligen war.

Die Vorbereitungen ließen ein weiteres Jahr verstreichen. Erst im

Frühsommer 1202 begannen sich die himmlischen Heerscharen in Venedig zu sammeln, wo man sie nun keineswegs als liebe Brüder in Christo, sondern als zahlende Gäste von wenig vertrauenerweckender Reputation behandelte: sie wurden aus den Häusern der Stadt vertrieben (mußten sich ergo darin wohl schon eingenistet haben) und auf der Insel des seligen Nikolaus untergebracht (San Nicolò di Lido). Sooft es den Venezianern einfiel, gaben sie Weisung, daß niemand einen der Pilger von der genannten Insel herunterbringen dürfe, und hielten sie also gleich Gefangenen. Eine solche Lehre konnte dem bedenklich geschwächten Realitätssinn der Pilger nur zuträglich sein, und viele sahen sich davon bewogen, schon jetzt ins Vaterland heimzukehren: nur ein allerkleinster Teil blieb zurück. Was immer den Chronisten bewogen haben mag, diesem allerkleinsten Teil

auch noch eine erstaunlich hohe Sterblichkeit zu attestieren, also daß von den Lebenden kaum die Toten konnten bestattet werden – Tatsache ist, daß von der geschätzten Heeresstärke schließlich nur ein knappes Drittel greifbar war. Und das brachte nun alsbald sehr greifbare Schwierigkeiten, denn es mangelte entsprechend an Bargeld, und als die Restraten der Vertragssumme fällig wurden, mußten die Kreuzzügler sich insolvent erklären. Da wußte der Doge nun allerdings Rat: auf dem Vertrag, teilte er den Baronen mit, müsse zwar bestanden werden, doch erblicke er eine Möglichkeit für die Herren, die Schuldsumme abzuarbeiten – und zwar indem sie für Venedig doch rasch die dalmatinische Hafenstadt

Zara eroberten (denn diese habe sich ihrem, der Venezianer, Nutzen allzeit zuwider verhalten): so könne das gottgefällige Vorhaben mit einer kleinen Nebengefälligkeit verbunden werden, die nicht nur bequem zu bewerkstelligen sei, sondern ihr Gutes auch darin habe, daß sie den Schuldnern zweifellos die Mittel verschaffen werde, ihre Gläubiger zufriedenzustellen.

Hans Wollschläger:
„Die bewaffneten Wallfahrten gen Jerusalem"

Galeeren als Gefängnisschiffe

Die Galeerenstrafe ist vom Mittelalter bis ins 18. Jahrhundert eine weitverbreitete Form der verschärften Freiheitsstrafe. Die Sträflinge werden meist gebrandmarkt und an ihren Ruderbänken festgekettet. Aus den Berichten der Augenzeugen kann man ersehen, daß die Häftlinge noch mehr Leid und Elend ertragen mußten.

Galeerensträflinge helfen mit beim Bau der Schiffe.

Der kurpfälzische Kanzleiregistrator Johann Michael Heberer von Bretten beschreibt in seinem 1610 erschienenen Buch „Aegyptiaca Servitus" seine Erlebnisse als Rudersklave auf einer türkischen Galeere.

Inzwischen kam unsers Patrons Galleeren eine auß Syrien/ etliche sachen/ sonderlich Kriegsmunition/ Proviand/ und andere notturfft abzuholen/ Die mußten wir zu Schiff tragen/ und dasselbe helffen zu rüsten/ und nachdem wir allerdings geladen/ (…) warden wir also bald nacheinander in die Galleeren geführt/ und angeschmiedet/ Da hette einer ein Weinen und heulen bey etlichen gesehen/ daß es zu erbarmen/ also daß auch von unserem Guardian selbsten/ welcher ein Renegat (= des christlichen Glaubens Abtrünniger) und von Neapolis bürtig war/ die Augen obergiengen/ der aus barmherzigkeit

bewegt (in betrachtung es gegen die Winterzeit kalt auff dem Wasser) uns armen/ verlassenen/ nackenden gefangenen Christen/ je zween und zweenen/ eine newe Wülline decke schenckte/ damit wir des Nachts/oder sonst zur zeit der Ruhe/ uns zudecken und zuerwärmen hetten/ und befahl uns mit seuffzen dabey/ Gott für ihn trewlich zu bitten und anzuruffen. In solchem einschlagen/ begerten wir beide Teutschen beysammen zu bleiben/ wie auch geschahe/ und warden alsobald neben zween weisse Mohren (= gemeint sind hier wohl Araber)/ welche als Strassenreuber gefangen lagen/ nechst bey dem Maßbaum/ uff der Lincken seiten angeschmiedet/

also daß unser Vier an einem Remen zuziehen hatten.

(...) So bald der Ancker an seinem Ort/ mußte man zu den Remen greiffen/ Doch mit vorhergehendem befelch/ die Kleider und Hembder bis an den Gürtel auff die blosse haut außzuziehen. Welches uns anfangs sehr hart und schwerlich ankam. Denn da wir mit einem ernst die Remen ziehen solten/ waren etliche under uns/ wie auch ich/ wegen meiner schwachen glieder/ deß Handwercks unerfahren/ und des Remens nicht mächtig/ Derowegen ich zeitlich von dem Commandeur oder Commeter streich auf den Rücken hatte. Da fieng erst unser Elend an/

Da saßen wir und schrien zu Gott/ und gedachten in unser geliebtes Vatterland/ Aber es war leider vergebens.

(…) Da wir nun (…) auff das hohe Meer kamen (…) gab man uns wider ein Zeichen mit dem Pfeifflin/ die Remen einzulegen (…) den Sägel anzuknüpffen und auffzuziehen (…) Weil wir nun also in der ruh/ ließ man uns zu essen geben (…) Da nahmen die Mohren das beste/ und gaben mir und meinem Pommern/ was die Meuß und Würm hatten außgenaget und ubergelassen/ Dessen wir uns mußten begnügen lassen/ Denn wir des Lebens und der Sprach noch unerfahren. Das trincken belangend/ hatten wir zweyn Fäßlein mit Wasser under unserem banck stehen/ Da liesse der eine Mohr herauß in eine hülzene Schüssel/ und nach dem sie genug gesoffen/ und ihre schwarze Drüssel drinn geweschen hatten/ gaben sie uns zweyen die Grundsupp (…) So war also unser ordentliche tractation, verdorben Brodt/ und desselben wenig/ stinckend Wasser/ und Streich genug.

(…) Auff dieser Reise (vom Libanon bis nach Libyen) ward ich etlich mal/ des ruders halben/ mit Reiffen und Seilern/ ober den blossen Leib/ ubel geschlagen/ Welches meinem getrewen und frommen Mitgesellen/ der doch mitunter mitgetroffen worden/ so weh getan/ daß er dem Turcken off Italienisch sagte/ (…) sie solten mich nur gar in das Meer werffen/ damit ich der Marter abkäme. (…) Noch harrte ich durch die hülff und beystand Gottes/ bis gen Tripoli in den Port/ da ich so matt war/ das ich (…) dahin fiele/

und mir nit müglich war wider auffzustehen. Da seufftzte ich zu Gott dem Allmächtigen/ mich durch seine grundlose Barmherzigkeit/ nit zu verlassen/ und diesen meinem unerträglichen jammer und Elend/ entweder durch schickung des zeitlichen Tods/ den ich zum oftenmal begehrte/abzuhelffen/ oder da es ja sein Gottlicher will were/ mich lenger mit einer so harten und viehischen dienstbarkeit zu straffen/ (…) so batt ich um Beystand seines heiligen Geistes. (…) Darauff empfande ich durch Gottes hülff solche kräfften/ daß ich ganz gedultig war/ nit allein/ das außgestandene unglück zu ertragen/ sondern auch das künfftige mit Christlicher gedult anzunemen.

Johann Michael Heberer:
„Aegyptiaca Servitus"

Hafeneinfahrt von Marseille, bewacht vom Fort Saint Nicolas.

Zur Zeit des Sonnenkönigs ist gesetzlich festgelegt, daß im Kampf verwundete Galeerensträflinge freigelassen werden sollen. Nicht selten wird dieses Gesetz aber ignoriert, und die Gefangenen müssen an Bord bleiben.

Der wegen seines Glaubens verfolgte Protestant Jean Marteilhe erzählt in seinen Memoiren „Galeerensträfling unter dem Sonnenkönig", wie es ihm auf den Galeeren ergangen ist.

Bei Beginn der folgenden Kampagne im April des Jahres 1709 wurden die Galeeren wieder aufgetakelt und gerüstet. Der Aufseher verteilte die Rudersträflinge nach Klassen, einen jeden in seine Bank. Es sind immer sechs Rudersträflinge an jedem Ruder, und der stärkste ist immer Vorruderer, das heißt der erste am Ruder, und dieser hat die meiste Arbeit. Er gehört zur ersten Klasse. Der zweite am Ruder gehört zur zweiten Klasse und so fort bis zur sechsten Klasse. Der letzte hatte fast gar keine Mühe; deshalb setzt man den kränklichsten und schwächsten der Bank dahin.

Nun muß ich bemerken, daß ich, als ich verwundet wurde, zur ersten Klasse gehörte, und der Aufseher hatte mich aus Versehen oder anderen Gründen auf seiner Liste unter dieser Klasse gelassen, die ich (…) wegen der Schwäche meines Armes nicht erfüllen konnte.

Ich begab mich daher von selbst zur sechsten Klasse, indem ich gewärtig war, daß die Probe bei mir angestellt würde. Diese Probe ist schrecklich; denn bei der ersten Ausfahrt, die man in die See macht, haut der Aufseher auf einen gebrechlich gewordenen Sträfling so furchtbar mit seiner Peitsche los, bis er wie tot niederfällt. Dadurch will er sich überzeugen, ob einer sich etwa mit Fleiß und in der Absicht, der schweren Ruderarbeit enthoben zu werden, als gebrechlich ausgibt.

Es geschah nun, daß wir zum ersten Male in diesem Jahr aus dem Hafen ausliefen, und nachdem der Aufseher (…) die Galeere hatte auslaufen lassen, untersuchte er jede Bank, um zu sehen, ob die Ruderklassen alle richtig besetzt wären.

Er hatte ein dickes Tau in der Hand, mit dem er ohne Unterschied auf diejenigen losschlug, die sich nach seiner Meinung nicht mit voller Kraft in die Ruder legten. (...)

Schließlich gelangte er zu unserer Bank, und als er dabei stehen bleibt, befiehlt er mit wilder Gebärde dem Vorruderer, mit Rudern aufzuhören. Darauf wendet er sich zu mir mit den Worten: „Du Hugenottenhund, komm hierher!"

Ich zog an meiner Kette, um mich dem Köker zu nähern, auf dem er stand, mein Herz vor Furcht zusammengeschnürt und fest glaubend, daß er mich nur deshalb zu sich rufe, um mich desto besser durchprügeln zu können.

Ich näherte mich ihm daher, meine Mütze in der Hand haltend, in demütig bittender Stellung.

„Wer hat dir befohlen zu rudern?" fragte er.

Ich erwiderte ihm, daß ich als Krüppel, wie er an meinen Wunden sehen könne (denn ich war bis zum Gürtel nackt, wie es am Ruder Brauch ist), und da ich nur einen Arm gebrauchen könne, gemeint habe, ihn am besten anzuwenden, indem ich den Gefährten meiner Bank Hilfe leistete.

„Danach frage ich dich nicht", erwiderte er; „ich frage, wer dir befohlen hat zu rudern?"

„Meine Pflicht", sagte ich.

„Und ich", sagte er, „will nicht, daß du noch irgendein anderer von meinen Ruderknechten, wenn er sich in ähnlicher Lage befindet, rudert, denn wenn man schon diejenigen nicht freigibt, die im Kampf verwundet worden sind, wie das Gesetz

befiehlt, so werde ich wenigstens nicht leiden, daß sie rudern."

Dies sagte er, damit die anderen Rudersträflinge es billigten und damit man nicht glauben sollte, daß er die Reformierten begünstige.

Nachdem er diese Worte gesprochen, denen ich lauschte, als wenn ein Engel vom Himmel erschienen wäre, so entzückt war ich vor Freude, rief er den Profoß und sagte zu ihm: „Nimm diesen Hund von einem Krüppel und stecke ihn in die Vorratskammer."

Jean Marteilhe:
„Galeerensträfling unter
dem Sonnenkönig"

Für das Manövrieren der Galeere war es wichtig, daß die Bewegungen der Ruderer synchron abliefen. Um den Takt besser halten zu können, sangen die Galeotti häufig ein Seemannslied, das Celeuma genannt wird. Dabei wird die erste Hälfte einer Liedzeile von einem Sänger vorgesungen und die anderen Ruderer fallen in der zweiten Hälfte mit ein. Das „O" gibt den Takt für die Ruderschläge.

O Dio – ayunta noy
O que somo – servi toy
O voleamo – ben servir
O la fede – mantenir
O la fede – de cristiano
O malmenta – lo pagano

sconfondi – u sarrahin
torchi y mori – gran mastin
O filioli – debrahin
O non credono – la fe santa
en la santa – fe die Roma
O die Roma – esta el perdon
O San Pedro – gran varon
O San Pablo – son Companon
O que ruege – O Dios por nos
O por nosostros – navegantes
en este mundo – semo tantes
O ponente – digo levante
O levante – se leva es sol
O ponente – resplendor
fanteneta – viva lli amor
O joven home – gauditor

Gott hilf uns / die wir Deine Diener
sind – wir wollen Dir auch gut dienen
/ bewahre den Glauben / den christlichen Glauben / vernichte den Hei-
den / Verderben über die Sarazenen /
erwürge und töte die Hunde / Söhne
des Ibbrin (Israel) / Sie glauben nicht
an das Gute obwohl es besteht / Sie
glauben nicht den heiligen Glauben /
den heiligen Glauben Roms / von
Rom kommt die Rettung / St. Peter
ist der große Steuermann / St. Paul
sein Gehilfe / Wer auch herrscht,
Gott sei mit uns / mit uns Seefahrern /
in dieser Welt wir sind so viele /
westwärts sage ich und ostwärts /
Im Osten geht die Sonne auf / Im
Westen verglüht sie / Mädchen – lang
lebe die Liebe / junger Mann – freue
Dich /.

Galeerensträflinge. Stich von Cornelius
de Wael, 17. Jahrhundert.

Galeeren in der Literatur

Für viele Schriftsteller der Vergangenheit ist die Gefangenschaft auf einer Galeere das schlimmste Schicksal, das sie sich für einen ihrer Helden ausdenken. Dabei wird die Galeerenstrafe meist als Bild für Hoffnungslosigkeit und menschenunwürdiges Dasein verwendet. Nicht jeder Autor kann jedoch dabei auf eigene Erfahrungen mit Galeeren und ihren Ruderern zurückgreifen wie der Spanier Cervantes.

Der spanische Schriftsteller Miguel de Cervantes Saavedra (1547–1616) hat selbst an der Schlacht von Lepanto teilgenommen und dabei seine linke Hand verloren. Die Szene in seinem wohl berühmtesten Werk „Don Quijote", in der der Ritter mit seinem Knappen Sancho Pansa auch eine Galeere besucht, zeigt, wie sehr Cervantes mit dem Leben auf einer Galeere vertraut ist.

Indessen begaben sich an demselben Nachmittag Don Antonio Moreno, sein Wirt, und dessen beide Freunde mit Don Quijote und Sancho zu den Galeeren. Der Oberbefehlshaber, von ihrer Ankunft benachrichtigt, freute sich sehr, die zwei so berühmten Männer, Don Quijote und Sancho, kennenzulernen. Kaum waren sie am Hafen angelangt, als alle Galeeren ihre Sommerzelte einzogen und die Schiffsmusik ertönte. Sogleich wurde das Boot ausgesetzt; es war mit reichen Teppichen und Kissen von karmoisinrotem Samt belegt. Und sowie Don Quijote den Fuß darauf setzte, feuerte die Admiralsgaleere ihr Vordergeschütz ab, und die anderen Galeeren taten dasselbe. Als er die Treppe am Steuerbord hinaufstieg, begrüßte ihn die ganze Rudermannschaft mit dem dreimaligen Rufe Hu! Hu! Hu!, wie es Brauch ist, wenn eine vornehme Person an Bord der Galeere kommt. Der General (so wollen wir ihn nennen), ein vornehmer valenzianischer Edelmann, umarmte Don Quijote und sprach: Diesen Tag werde ich mit einem roten Strich im Kalender bezeichnen, als einen der besten, die ich voraussichtlich je erleben werde, da ich heute den Señor Don Quijote von der Mancha gesehen, den Mann, in dem alle Vortrefflichkeit des fahrenden Rittertums enthalten und inbegriffen ist.

In nicht weniger höflichen Ausdrücken antwortete ihm Don Quijote, über die Maßen vergnügt, sich so ganz als großen Herrn behandelt zu sehen. Nun begaben sich alle nach dem Hinterkastell der Galeere, das schön geschmückt war, und nahmen auf den Seitenbänken Platz. Der

Stich aus einer französischen Ausgabe des „Don Quijote" von 1774.

Galeerenvogt ging den Mittelgang hindurch nach der Vorderschanze und gab ihm mit der Pfeife der Rudermannschaft das Zeichen, die Kleider abzulegen, was in einem Augenblick geschehen war. Sancho war starr vor Erstaunen, soviel pudelnackte Burschen zu sehen, und er staunte noch mehr, als er die Sonnenzelte mit solcher Geschwindigkeit aufziehen sah, daß er meinte, es hätten alle Teufel dabei geholfen. Aber all dieses war nur Zuckerbrot gegen andres, was ich jetzt erzählen will.

Sancho saß ganz still auf der Laufplanke neben dem Vormann auf der Steuerbordseite, als dieser, bereits

unterrichtet, was er zu tun habe, Sancho um den Leib faßte und ihn mit den Armen in die Höhe schwang. Das ganze Rudervolk war auf den Beinen und auf der Lauer und schwang und warf ihn, auf der Steuerbordseite anfangend, von Ruderbank zu Ruderbank, mit solcher Geschwindigkeit, daß es dem armen Sancho vor den Augen nebelte und er glaubte, es führten ihn die Teufel in eigener Person von dannen. Die Ruderleute aber machten nicht eher halt, bis sie ihn die ganze Bordseite entlang zurückgeschleudert und auf dem Hinterkastell säuberlich hingesetzt hatten. Der armee Mensch war ganz zerschlagen, keuchte und schwitzte und konnte sich nicht klar vorstellen, was sich eigentlich mit ihm zugetragen habe. Als Don Quijote seinen Sancho ohne Flügel so fliegen sah, fragte er den General, ob das die Begrüßung sei, die jedem zuteil werde, der zum erstenmal die Galeeren besuche; denn wenn dies der Fall wäre, so wolle er seinesteils, da er nicht beabsichtige, sich dem Schiffsdienste zu widmen, keineswegs derlei Übungen mitmachen, und er schwöre zu Gott, wenn jemand ihn anfassen wolle, um Fangball mit ihm zu spielen, so werde er ihm mit Fußtritten die Seele aus dem Leib herausstampfen. Mit diesen Worten stand er auf und legte die Hand ans Schwert. In diesem Augenblick zog man die Sonnenzelte wieder ein und ließ mit ungeheurem Gelärm die Hauptraa von hoch oben hinunterfallen. Sancho meinte, der Himmel ginge aus den Angeln und stürze ihm gerade auf seinen Kopf. Vor Angst duckte er ihn nieder und steckte ihn zwischen die Beine. Auch Don Quijote behielt seine Fassung nicht völlig: auch er entsetzte sich, zog den Kopf an die Schultern und verlor alle Farbe aus dem Gesicht. Die Mannschaft hißte die Segelstange mit demselben Hasten und Tosen auf, wie sie sie eingezogen hatte, und alles das in tiefem Schweigen, als ob die Leute weder Stimme noch Atem hätten. Der Schiffsvogt gab das Zeichen, den Anker zu lichten, sprang dann mitten in den Gang zwischen den Bänken mit seinem Farrenschwanz oder Sklavengeißel und begann damit über den Rücken des Rudervolks hinzufahren, und die Galeere stach langsam in die See.

Als Sancho so viele rotbemalte Füße, denn dafür hielt er die Ruder, sich auf einmal in Bewegung setzen sah, sagte er zu sich selber: Das sind wirklich Zaubergeschichten, nicht aber was mein Herr für solche ausgibt. Was haben diese Unglücklichen getan, daß man sie so peitscht? Und wie kann dieser Mensch ganz allein, der da umhergeht und pfeift, die Frechheit haben, so viele Leute durchzuhauen? Da sag' ich wahrlich, das ist die Hölle oder wenigstens das Fegefeuer.

Don Quijote, der sah, mit welcher Aufmerksamkeit Sancho den Vorgang betrachtete, sprach zu ihm: Ha, Freund Sancho, wie geschwind und mit wie wenig Mühe könnte Er, wenn Er wollte, den Oberkörper entkleiden und sich mit unter diese Herrschaften setzen und auf diese Weise Dulcineas Entzauberung vollenden! Denn bei dem Leid und Schmerz so vieler würde Er das Seine nicht sonderlich spüren; und zumal könnte es auch sein, daß der weise Merlin jeden von diesen Hieben, da sie von so kräftiger Hand ausgeteilt werden, für zehn von denen anrechnete, die Er sich doch am Ende aufzählen muß.

Der General wollte fragen, was das für Hiebe seien und was es mit der Entzauberung Dulcineas auf sich habe, als der wachhabende Matrose rief: Die Festung Monjuich gibt das Zeichen, daß ein Ruderschiff an der Küste westwärts in Sicht ist.

Bei diesen Worten sprang der General auf die Laufplanke und rief: Drauf los, Kinder, daß es uns nicht entkommt! Es muß eine Brigantine von algerischen Korsaren sein, die uns der Wartturm meldet. Sogleich steuerten die andren drei Galeeren zum Admiralsschiff heran, um Befehl einzuholen. Der General befahl, zwei derselben sollten in See stechen und er wolle mit der dritten die Küste entlangfahren, da auf solche Weise das Schiff ihnen nicht entkommen könne. Das Schiffsvolk schlug die Ruder mächtig ins Wasser und trieb die Galeeren mit solcher Gewalt voran, daß sie zu fliegen schienen. Die beiden, die in See gestochen waren, entdeckten auf ungefähr zwei Meilen Entfernung ein Schiff, das sie mit den Augen auf ein Fahrzeug von etwa vierzehn bis fünfzehn Ruderbänken schätzten, wie es auch wirklich der Fall war; das Schiff setzte, sobald es die Galeeren gewahr wurde, alle Ruder bei, in der Absicht und Hoffnung, durch seine Leichtigkeit zu entkommen. Aber dies geriet ihm schlecht, denn die Admiralsgaleere war eines der leichtesten Fahrzeuge auf der See und bedrängte es so nah, daß

Galeeren in einer Seeschlacht.

die Leute auf der Brigantine einsahen, es sei an kein Entrinnen zu denken. Der Schiffshauptmann wollte daher, sie sollten die Ruder fallen lassen und sich ergeben, um den Befehlshaber unsrer Galeere nicht zum Zorn zu reizen. Allein das Schicksal hatte es anders beschlossen, und als die Admiralsgaleere schon so nah war, daß die Leute auf dem Schiff die Stimmen hören konnten, die ihnen zuriefen sich zu ergeben, da geschah es, daß zwei Torakis, was ungefähr soviel bedeutet als zwei besoffene Türken, die mit zwölf andren die Besatzung der Brigantine bildeten, ihre Musketen abfeuerten und mit ihren Schüssen zwei Soldaten töteten, die zu beiden Seiten unsres Vorderkastells standen. Bei diesem Anblick schwur der General, keinen von allen, die er auf dem Schiffe gefangennehmen würde, am Leben zu lassen, er griff mit höchster Wut an, aber das Schiff entschlüpfte ihm unter den Rudern weg. Indessen überholte die Galeere es bald um eine tüchtige Strecke, und die Leute im Schiff sahen sich verloren. Noch setzten sie alle Segel bei, während die Galeere wendete, und taten abermals ihr Äußerstes mit Segeln und Rudern. Aber alle ihre Anstrengung half ihnen nicht soviel, als ihre Verwegenheit ihnen schadete, denn die Admiralsgaleere holte sie eine halbe Meile von dort wieder ein, warf die Enterhaken aus und machte die ganze Besatzung lebendig zu Gefangenen.

Miguel de Cervantes Saavedra:
„Der sinnreiche Junker Don Quijote von der Mancha"

Die 1861 erschienene historische Novelle „Die schwarze Galeere" von Wilhelm Raabe (1831–1910) spielt zur Zeit des Befreiungskriegs der Niederländer gegen die Spanier. Die schwarze Galeere, ein Kaperschiff der niederländischen Freiheitskämpfer, greift in der Nacht spanische Schiffe an und zerstört sie. Danach verschwindet die geheimnisvolle Galeere wieder.

In die Stadt Antwerpen brachten Fischer die Botschaft von dem nächtlichen Vorgang, und groß war darob, je nach der Parteistellung, der heimliche Jubel oder die laute Wut der Bevölkerung.

Auch in der Stadt lief baldigst durch das Volk der Name der „schwarzen Galeere" und wurde mit mehr oder weniger Zuversicht mit dem geschehenen Unheil in Verbindung gebracht.

Wer konnte in solcher Sturmnacht, wie die vergangene war, solche Tat anders getan haben als die schwarze Galeere?

Auf den Plätzen, in den Gassen, in den Werkstätten, in den Kirchen, auf dem Rathause und in der Zitadelle wurde das Wort gehört. Auf den Kriegs- und Handelsschiffen, die am Kai, dicht an den Häusern und Mauern der Stadt, vor Anker lagen, lief es um. Überall, wie gesagt, sah man Bestürzung oder geheimes Frohlocken auf den Gesichtern.

„Die schwarze Galeere! die schwarze Galeere!" –

Das war Federigo Spinola, ein edler Genueser Patrizier, ein unternehmender Sohn des berühmten Geschlechtes jener reichen Republik, welcher mit dem König von Spanien, Philipp dem Dritten, einen Vertrag abgeschlossen hatte, für den Dienst der katholischen Majestät eine Flotte gegen die niederländischen Rebellen auszurüsten und dieselbe in die Nordsee zu führen. Alle Beute, alle Schiffe, welche den Ketzern abgenommen wurden, waren Eigentum des Admirals Federigo, und so fuhr er mit einer bedeutenden Anzahl Galeeren und Galeonen, bemannt mit sechzehnhundert kühnen Männern, aus von Genua, schiffte durch die Straße von Gibraltar, umfuhr das Kap Finisterre, nahm im Busen von Biskaya eine große Anzahl verwegener biskayischer Piraten und Kaper in sein Schiffsgefolge auf, desgleichen eine große Anzahl Dünkirchner Freibeuter und erschien am 11. September 1599 im Hafen von Sluis, wo er vor Anker warf und von wo aus er seine Tätigkeit in dem nordischen Meer begann.

Zum erstenmal wurden die Wellen der Nordsee von diesen romanischen Ruderfahrzeugen gepeitscht, deren sich bis dahin nur die Anwohner des Mittelländischen Meeres bedient hatten. So kam es, daß anfangs selbst die wackern, nichts fürchtenden seeländischen Schiffsleute den Schrecken des Unbekannten fühlten vor diesen italienischen Galeeren, die gleich riesenhaften Wasserkäfern mit hundert Ruderfüßen die Wogen schlugen.

So machte Federigo Spinola anfangs ein vortreffliches Geschäft und gewann manch reich beladenes Kauffahrteischiff, manch armes Fischerboot den Niederländern ab, bis der erste Schrecken von den letzteren überwunden war und sie es wagten, den neuen Feinden kühner an den Leib zu gehen. Ein zahlreiches Geschwader sandten die Generalstaaten aus, und in einem heißen Gefecht ward nicht nur eine große Anzahl der feindlichen Kaper vernichtet, sondern auch eine der schrecklichen Galeeren genommen.

Im Triumph brachte man das merkwürdige Schiff nach Amsterdam, und hier wurde nach diesem Modell ein ähnliches Fahrzeug gebaut und mit den kühnsten Herzen und Händen bemannt. Drohend schwarz war seine Farbe, und bald genug wurde die – schwarze Galeere den Spaniern und dem Admiral Federigo Spinola schrecklich. Die Spekulation des Genuesers trug von da an nicht mehr so gute Früchte wie im ersten Anfang. –

So war die schwarze Galeere kein Geisterschiff, kein Gespensterschiff, sondern ein Ding von Holz und Eisen, und seine Bemannung war auch keine Gespensterschar. Wesen von Fleisch und Blut kletterten in den Tauen, richteten die Segel, luden die Drehbassen, schlugen die Lunten auf und enterten die feindlichen Schiffe mit dem wilden Geusenschrei:

„Lieber Türk als Pfaff!" – – –

Über die schwarze Galeere unterhielt sich auf den Plätzen und in den Gassen der großen Handelsstadt Antwerpen das Volk, und jeder Nachbar wollte Genaueres wissen über das Gerücht, daß das treffliche Ruderschiff, die Unbefleckte Empfängnis, gestern Nacht durch die Seeländer in die Luft gesprengt worden sei.

Wilhelm Raabe:
„Die schwarze Galeere"

Der fünfteilige Roman „Die Elenden" von Victor Hugo (1802–1885) erschien nach langer Entstehungszeit 1862. In diesem Roman wird unter anderem geschildert, daß schon für kleinere Vergehen, z. B. Mundraub, Galeerenstrafen verhängt wurden. Hugo gelingt es auch, eindrücklich zu beschreiben, wie der Aufenthalt auf den „schwimmenden Gefängnissen" den Charakter der Sträflinge derart verändert, daß sie erst nach der Verbüßung ihrer Strafe zu wirklichen Verbrechen fähig sind.

Jean Valjean entstammte einer armen Bauernfamilie in Brie. (…) Als er ins Mannesalter kam, wurde er Baumscherer in Faverolles. (…) Sehr früh schon hatte er beide Eltern verloren und wuchs im Hause seiner einzigen, um vieles älteren verheirateten Schwester auf. Als deren Mann starb, hinterließ er sieben Kinder. (…) Er ersetzte der Familie den Vater und unterhielt sie nun seinerseits, wie die Schwester ihn erhalten hatte. (…) So ging seine Jugend dahin in harter und schlecht bezahlter Arbeit. (…) Dann kam ein strenger Winter. Jean fand keine Arbeit; und die Familie hatte kein Brot. Kein Brot. Buchstäblich. Und sieben Kinder. (…) Eines Sonntagabends wollte sich Maubert Isabeau, der Bäcker am Kirchplatz in Faverolles, gerade schlafen legen, als er einen heftigen Schlag gegen das vergitterte Schaufenster seines Ladens hörte. Er kam eben zurecht, um zu sehen, wie ein Arm durch die durchlöcherte Scheibe griff und ein Brot herauslangte. Isabeau stürzte hinaus. Der Dieb machte lange Beine. Isabeau rannte hinterher und stellte ihn. (…) Jean Valjean wurde schuldig befunden und zu fünfjähriger Galeerenstrafe verurteilt. Am 22. April 1796 wurde in Paris der Sieg von Montenotte verkündet, den der Chef der Armee in Italien, ein gewisser Buonaparte, davongetragen hatte. Am gleichen Tage wurde in Bicetre eine lange Kette geschmiedet. Jean Valjean wurde ein Glied dieser Kette. (…) Er weinte, als mächtige Hammerschläge hinter seinem Kopf den Bolzen ins Halseisen trieben. (…) Dann ging es nach Toulon. (…) In Toulon wurde ihm die rote

Victor Hugo.

Jacke angezogen. Damit war alles ausgelöscht, was einmal sein persönliches Leben gewesen war, bis zu seinem Namen. Aus Jean Valjean wurde Nr. 24601. Gegen Ende des vierten Jahres brach er aus. (…) Das Marinetribunal verurteilte ihn wegen dieses Vergehens zu weiteren drei Jahren. Das waren zusammen acht Jahre. Im sechsten Jahr fehlte er eines Tages beim Appell. (…) Er leistete Widerstand: Ausbruch und Rebellion. Weitere fünf Jahre, davon zwei an doppelter Kette. (…) Bei einem Versuch im zehnten Jahr ging es ihm nicht besser. (…) Endlich, es war wohl während des dreizehnten Jahres, unternahm er seinen letzten Versuch. (…) Neunzehn Jahre. Im Oktober 1815 wurde er freigelassen. Schluchzend, schaudernd, verzweifelt war Jean Valjean ins Bagno eingetreten. Er verließ es mit verhärtetem Herzen und verdüsterter Seele. Was war in diesem Menschen vorgegangen? Er war unwissend, aber kein Dummkopf. Das Unglück lehrte ihn, tiefer nachzudenken. Er hielt Gericht und begann bei sich selbst. Er erkannte an, daß er nicht unschuldig bestraft worden war. (…) Alles in allem: daß er unrecht hatte.

Dann aber fragte er sich: ob er in dieser trüben Geschichte der Alleinschuldige war? Ob es nicht eine böse Sache wäre, wenn der fleißige Arbeiter weder Arbeit noch Brot hatte? Ob nicht, nachdem der Fehler einmal begangen und eingestanden war, die Strafe über jedes Maß hinausging, so weit, daß schließlich der Schuldige Opfer wurde, der Schuldner zum Gläubiger? Ob nicht diese unmenschliche Strafe ein Verbrechen der Gesellschaft gegenüber dem schwachen einzelnen darstelle? (…) Er richtete, und er verurteilte. Er überantwortete die Gesellschaft seinem Haß. Er beschloß diese Waffe im Bagno zu schärfen und mit hinauszunehmen.

(…) Traurig zu sagen: nachdem er die Gesellschaft verurteilt hatte, die Urheberin seines Unglücks, saß er über die Vorsehung zu Gericht, der Urheberin der Gesellschaft, und er verurteilte sie gleichermaßen. (…) Es kam vor, daß er mitten in der Arbeit innehielt. Er mußte über irgend etwas nachdenken. Sein Verstand, zugleich gereift und verwirrt, begehrte auf. Alles, was ihm widerfahren war, schien ihm widersinnig, was ihn umgab erschien ihm ein Traum, der Sklavenvogt dicht vor ihm schien ihm ein Phantom. Bis ihn das Phantom mit Stockschlägen in die Wirklichkeit zurückrief. Die sichtbare Natur existierte kaum für ihn. Ja, man könnte sagen, es gab für Jean Valjean keine Sonne, keinen schönen Sommertag, keinen leuchtenden Himmel. Seine Seele lag gleichsam im trüben Licht eines Kellerfensters. Man begreift jetzt, wie Jean Valjean, der harmlose Baumscherer, in neunzehn Jahren zu dem furchtbaren Galeerensträfling wurde, ebenso fähig zu jähen Affekthandlungen wie zu wohlüberlegter, sorgsam vorbereiteter Freveltat. Sein Haß anfangs gegen die Gesellschaft, dann gegen die Vorsehung gerichtet, umfaßte endlich jedes menschliche Wesen, Gerechte und Ungerechte, ja die ganze Schöpfung. Als er das Bagno verließ (…) nannte der gelbe Paß Jean Valjean mit Recht einen „sehr gefährlichen Mann".

Victor Hugo:
„Die Elenden"

Der amerikanische Autor Lewis Wallace (1827–1905) konnte mit seinem historischen Roman „Ben Hur. Eine Geschichte um Christus" große Erfolge feiern. Der Titelheld Ben Hur wird für den angeblichen Mordanschlag auf den römischen Gouverneur in Jerusalem zu lebenslanger Galeerenhaft – deren Beschreibung deutlich von den Zuständen auf den Galeeren des 18. Jahrhunderts geprägt ist – verurteilt. In der folgenden Szene wird beschrieben, wie es Ben Hur gelingt, während einer Seeschlacht den Oberbefehlshaber der römischen Flotte zu retten.

Noch graute kaum der Morgen, da schritt eilends ein Mann über Deck, näherte sich dem Lager des Tribunen und weckte ihn. Arrius erhob sich unverzüglich, setzte den Helm auf, gürtete das Schwert um, nahm den Schild zur Hand und teilte dann mit größter Seelenruhe mit, daß die Piraten in nächster Nähe seien. Seinem Verhalten nach zu urteilen, hätte man denken können, daß ihm der Sieg verbürgt sei.

In wenigen Minuten war es auf dem Schiff lebendig. Die Offiziere gingen jeder auf seinen Posten. Die Matrosen wurden bewaffnet und auf Deck geführt. An der Haupttreppe waren Ölfässer aufgestellt, daneben lagen die Feuerbälle zum Gebrauch bereit. Noch mehr Laternen wurden angezündet und Eimer mit Wasser gefüllt. Die nicht gerade diensttuenden Ruderer standen vor dem Vogt versammelt und wagten sich kaum zu rühren. Unter diesen befand sich auch Ben Hur, und seinem lauschenden Ohr entging kein Laut von den

Vorbereitungen, die über seinem Haupte getroffen wurden.

Auf einen Befehl des Tribunen, den ein an der Treppe stationierter Unteroffizier dem Vogt übermittelte, standen plötzlich sämtliche Ruder still. (…)

In solchen Verhältnissen verliert man alles Zeitmaß; so erging es auch Ben Hur. Plötzlich ertönte lauter Trompetenschall auf Deck; der Vogt gab das bekannte Signal, die Sklaven senkten die Ruder tief ins Wasser und ließen sie mit vereinter Kraft plötzlich in die Höhe schnellen, so daß die Galeere, in allen Fugen krachend, dem Druck nachgab. Wiederum ertönte von rückwärts lauter Trompetenschall, während von vorne nur Stimmengewirr zu hören war. Gleich darauf erbebte das Schiff wie von einem wuchtigen Schlag, senkte den Kiel tief in die Fluten, erlangte aber bald das Gleichgewicht wieder und eilte unaufhaltsam vorwärts. Lautes Angstgeschrei übertönte den Trompetenschall und das durch den Zusammenstoß verursachte entsetzliche Getöse. Es unterlag keinem Zweifel – die „Asträa" war über ein anderes Schiff hinweggesegelt, das nun mit Mann und Maus in die Tiefe sank. (…)

Ben Hur warf einen letzten Blick auf seine Umgebung, dann stürzte er davon, aber nicht um zu fliehen, sondern um den Tribun zu suchen. Schon hatte er die ersten Stufen erreicht, die nach oben führten, als plötzlich der Boden unter seinen Füßen wich. Das Rückteil des Rumpfes barst mit lautem Krachen entzwei, es wurde plötzlich stockfinstere Nacht um den Jüngling, und die Meeresfluten schlugen über ihm zusammen. Obwohl

nahezu betäubt, hielt er unwillkürlich den Atem an, und es dauerte nicht lange, so kam er mit den Schiffstrümmern wieder an die Oberfläche, klammerte sich daran fest, schüttelte sich das Wasser aus Haar und Augen und suchte sich Rechenschaft zu geben, was eigentlich vorgefallen war. Ein Blick auf seine Umgebung zeigte ihm, daß ihm Gefahren aller Art drohten. Die Schlacht war keineswegs zu Ende, und er konnte nicht sehen, wer die Sieger waren, ob die Römer oder deren Feinde. (…)

„Gelobt sei der Gott meiner Väter, da kommt ein Schiff!"

„Aus welcher Richtung?"

„Von Norden her."

„Hat es eine Flagge oder irgendein anderes Erkennungszeichen?"

„Nein", antwortete Ben Hur. „Alles, was ich sagen kann, ist, daß es mit rasender Schnelle auf uns zusteuert."

„Wäre es ein siegreiches römisches Schiff, so hätte es viele Flaggen gehißt", erwiderte Arrius nachdenklich. „Offenbar ist es ein feindliches Fahrzeug. Höre mich an, solange ich noch mit dir sprechen kann. Ist es eine Seeräubergaleere, so hast du nichts für dein Leben zu fürchten, wenn du vielleicht auch nicht in Freiheit gesetzt wirst. Ich aber bin zu alt, um mich in die Lage eines Galeerensträflings zu finden; tu mir daher den Gefallen und stoße mich ins Wasser, wenn du siehst, daß ich in Gefahr bin, den Piraten in die Hände zu fallen. Schwöre mir, daß du dies tun willst."

„Ich schwöre weder, noch verpflichte ich mich sonst irgendwie zu einer solchen Tat", sagte Ben Hur fest.

„Das Gesetz, dem ich unverbrüchlichen Gehorsam schuldig bin, würde mich für dein Leben verantwortlich machen. Ich bin ein Sohn Israels und wenigstens für den Augenblick mein eigener Herr."

„Zum Glück bin ich nicht auf deine Hilfe angewiesen, sondern kann meinem Leben selbst ein Ende machen. Was wird dann aber aus dir werden? Soviel steht fest: ist das Schiff, das auf uns zusteuert, eine Seeräubergaleere, so entrinne ich der Welt. Ich bin Römer. Als solcher kenne ich nichts Höheres als Erfolg und Ehre." (…)

„Bist du gewiß, daß es ein feindliches Fahrzeug ist?" fragte er endlich.

„Ich glaube es bestimmt", lautete die Antwort.

„Wäre es eine römische Galeere, so wäre an der Spitze des Hauptmastes ein Helm angebracht."

„Dann können wir beruhigt sein. Ich sehe den Helm ganz deutlich. Und jetzt macht das Schiff eine Wendung. Es steuert einer offenbar verlassenen Galeere zu. Nun legt es an und schickt Leute an Bord." Bei dieser Nachricht schlug Arrius die Augen auf und sagte nach einem prüfenden Blick auf die beiden Fahrzeuge: „Danke deinem Gott, Jüngling, wie ich meinen Göttern danke. Seeräuber würden das Schiff nicht retten, sondern in den Meeresgrund bohren. An der Handlung und an dem Helm an der Spitze des Hauptmastes erkenne ich, daß wir es mit einer römischen Galeere zu tun haben. Der Sieg ist mein. Das Glück ist mir nicht untreu geworden. Wir sind gerettet. Winke mit der Hand – rufe, damit man uns (…) an Bord nehme."

Nun werde ich Duumvir werden, und du sollst mein Sohn sein. Schnell, rufe noch einmal! Die Verfolgung muß sofort wieder in Angriff genommen werden. Kein einziger Seeräuber darf entrinnen."

Endlich gelang es Juda, die Aufmerksamkeit der Schiffsmannschaft auf die Planke zu lenken, und in wenigen Minuten waren er und der Tribun in Sicherheit.

Arrius wurde auf der Galeere mit allen ihm gebührenden Ehren empfangen und nahm nun von seinem Lager aus den Bericht über den Ausgang des Kampfes entgegen. Nachdem die noch mit den Fluten Ringenden gerettet waren, ließ er aufs neue die Befehlshaberflagge hissen und den Sieg vervollständigen. Kurz darauf stießen die im Kanal segelnden fünfzig Galeeren auf die flüchtigen Seeräuber und vernichteten sie so gründlich, daß auch nicht einer entrann. Zur Erhöhung des Ruhms, den der Tribun davongetragen hatte, waren noch zwanzig feindliche Schiffe erbeutet worden.

Bei seiner Rückkehr nach Misenum harrte des Siegers ein herzliches Willkommen. Sein junger Begleiter erregte kein geringes Aufsehen, besonders als ihn Arrius, ohne mit einer Silbe seine frühere Geschichte zu erwähnen, als seinen Lebensretter und Adoptivsohn vorstellte.

Im darauffolgenden Monat wurde mit äußerster Pracht die Siegesfeier abgehalten und zugleich die Ernennung des Tribunen zum Duumvir festlich begangen.

Lewis Wallace:
„Ben Hur"

Glossar

Achterkastell: Aufbau auf dem hinteren Teil des Schiffes.

Arsenal (arab./ital.): Ursprünglich Bezeichnung für ein Zeughaus, in dem Geräte und Waffen lagern. In Venedig auch Begriff für die großen Schiffswerften.

Basileus (gr.): Im Mittelalter offizielle Bezeichnung der oströmischen Kaiser. Nach Entstehung des abendländischen Kaisertums um 800 versuchten die byzantinischen Kaiser die römischen und griechischen Wurzeln ihres Herrschaftsanspruchs in ihrem Titel „Basileus ton Rhomaion" (= Herrscher der Römer) durch die Kombination von griechischer Sprache und römischem Amt deutlich zu machen.

Bireme (lat.): Antikes, von den Phönikern und Römern verwendetes Ruderschiff im Mittelmeerraum. Kennzeichnend für eine Bireme sind die zwei übereinander angeordneten Reihen von Rudern auf beiden Seiten des Schiffes.

Capitanio (ital.): Hauptmann oder Kapitän auf einer Galeere.

Doge (ital.): Bezeichnung für das Staatsoberhaupt der mittelalterlichen Seerepubliken Venedig und Genua.

Dromon(e) (gr.): Schnelles byzantinisches Ruderschiff des 9./10. Jahrhunderts mit 130 bis 200 Mann Besatzung. Diese gedeckte Galeere hat zwei übereinander angeordnete Riemenreihen mit je 25 bis 30 Bänken.

Feluke (arab.): Fluß- und Küstenfahrzeug für das Mittelmeer mit zwei Masten und Lateinsegeln. Der Begriff „Feluke" bezeichnete früher auch eine kleine Kriegsgaleere.

Galeasse (ital.): Ein um 1500 aus der Galeere entwickeltes dreimastiges Ruderkriegsschiff. Die Galeasse wurde im Mittelmeer als Großkampfschiff verwendet, da sie seetüchtiger und mit mehr Geschützen bestückt war als die Galeere.

Galea/Galee/Galeo (gr.: gelee = Wiesel): Verschiedene Bezeichnungen für ein langes, schmales und schnelles Ruderkriegsschiff mit einem Rammsporn auf Höhe der Wasserlinie.

Galeot (roman.): Galeerensklave.

Hohe Pforte: Bezeichnung für den Sultanshof in Konstantinopel.

Kamisarden (frz.): Bezeichnung für die Hugenotten der Cevennen und des Languedoc, die sich nach dem Revokationsedikt von Fontainebleau 1685 zu bewaffneten Aufständen erhoben.

Kogge (niederdt.): Dieser äußerst seetüchtige Segelschifftyp wurde im 13. bis 15. Jahrhundert besonders von der Hanse verwendet. Das bauchige Schiff mit fest eingebautem Deck war klinkergeplankt. An Bug und Heck befanden sich Aufbauten, die mit Waffen bestückt waren. Die Kogge war das erste Schiff mit einem mitschiffs befestigten Heckruder. Dieser Schiffstyp entwickelte sich zum beherrschenden

Handelsschiff in Nord- und Westeuropa, wurde aber auch für kriegerische Auseinandersetzungen verwendet.

Levantehandel (lat./ital.): Im Mittelalter betrieben die italienischen Stadtstaaten regen Handel mit den Ländern des östlichen Mittelmeeres, den Ländern der Levante (= des Sonnenaufgangs, vor allem das Gebiet der heutigen Staaten Syrien, Libanon und Israel).

Liburne (lat.): Leichtes, auch zum Rudern verwendetes Schiff der römischen Flotte des 1. Jahrhunderts v.Chr. mit 120 Mann Besatzung.

Mare Closum (lat.): Binnenmeer

Marinaio (ital.): Seemann, Matrose.

Marsgäste (niederdt.): Seeleute, die vom Mastkorb am Fuß der Marsstenge von Segelschiffen Ausschau hielten.

Nave (lat.): Bezeichnung für große Segelschiffe, die während des Mittelalters das Mittelmeer befuhren.

Nef (frz.): Allgemeiner französischer Name für ein einmastiges, koggeähnliches Frachtschiff, das vom 11. bis 16. Jahrhundert weiterentwickelt wurde. In der Blütezeit Venedigs wurden Nefs gebaut, die die beachtliche Tragfähigkeit von 200 t bei einer Länge von 42 m, 13 m Breite und 7,5 m Seitenhöhe erreichten.

Principe (ital.): Fürst, Landesfürst, höchster Adelsrang unterhalb des Königs.

Proskynese (gr. = Verehrung, Anbetung): Kniefall verbunden mit dem Berühren des Bodens mit der Stirn als Geste der Ehrerbietung und Selbsterniedrigung, auch als Beugen der Knie und als Fußkuß. Die Proskynese gab es besonders im Zeremoniell des hellenistischen, spätrömischen und byzantinischen Kaisertums.

Renegat (lat.): Abtrünniger, Abweichler.

Serenissima (lat.): = „Durchlauchtigste", eine bis ins 16. Jahrhundert übliche Bezeichnung für die Seerepublik Venedig.

Sopracomes (ital./lat.): Oberaufseher, „über dem Comes".

Trireme (lat.): Dieses große römische Kampfschiff mit drei Riemenreihen pro Bordseite wurde nach dem Vorbild der griechischen Trieren gebaut. Bei den Römern bekamen die Schiffe einen Mast mit Rahsegel und eine Enterbrücke, die es den im Zweikampf geschickten Römern ermöglichte, auf das gegnerische Schiff zu gelangen.

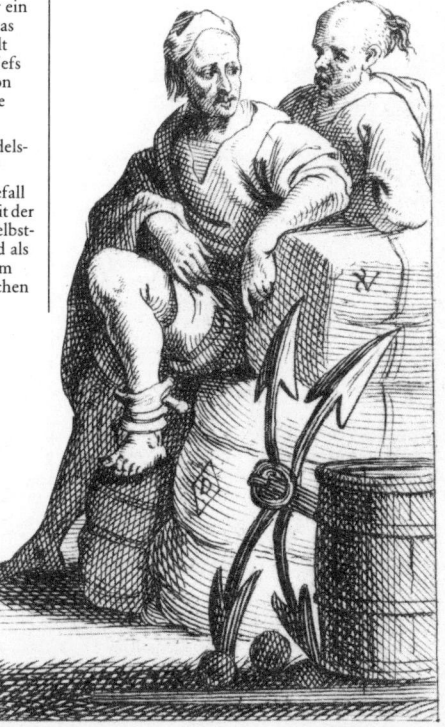

Kleine Auswahl der weiterführenden Literatur

Berckenhagen, Ekhard: Schiffe, Häfen, Kontinente. Eine Kulturgeschichte der Seefahrt. (Buchpublikation zur gleichnamigen Ausstellung der Kunstbibliothek Berlin mit dem Museum für Architektur) Berlin 1983

Brennecke, Jochen: Geschichte der Schiffahrt. Künzelsau 1982 (2. Aufl. 1986)

Cucari, A./ Manti, G./ Jürgens, H. P.: Das Bilderlexikon der Schiffe. München 1979

Dudszus, Alfred/ Henriot, Ernest: Das Schiffstypen-Lexikon. Hamburg 1983

Edey, M. A.: Anfänge des Seehandels. Amsterdam 1974

Ellmers, Detlev: Frühmittelalterliche Handels-Schiffahrt in Mittel- und Nordeuropa. Neumünster 1972

Henriot, Ernest: Kurzgefasste illustrierte Geschichte des Schiffbaus von den Anfängen bis zum Ausgang des 19. Jahrhunderts. Rostock 1971

Koch, Gerd (Hrsg.): Boote aus aller Welt. Berlin 1984

Landström, Björn: Das Schiff. Vom Einbaum zum Atomboot. Gütersloh 3. Aufl. 1983

Lane, Frederic: Seerepublik Venedig. München 1980

Longworth, Philip: Aufstieg und Fall der Republik Venedig. Bergisch Gladbach 1978

Mondfeld, Wolfram zu: Der sinkende Halbmond. Die Seeschlacht von Lepanto im Jahre 1571. Vorbereitungen, Schlachtgeschehen, Auswirkung. Würzburg 1973

Mondfeld, Wolfram zu: Die Schebecke und andere Schiffstypen des Mittelmeerraumes. Rostock 1974

Paris, Edmond: Die große Zeit der Galeeren und Galeassen. In: Souvenirs de marine (dt. Ausgabe), herausgegeben von L. Eich und E. Henriot. Bielefeld/Berlin 1973

Pöhnl, H. H.: Von der Galeere zum Atomschiff. Ein Streifzug durch die Geschichte der Seefahrt. Regensburg 1967

Prawer, Joshua: Die Welt der Kreuzfahrer. Wiesbaden 1974

Schreiber, Hermann: Weltgeschichte der Seefahrt. Würzburg 1973

Smart, Ted/ Gibbon, David: Venedig. Herrsching 1980

Westphal, Gerhard: Lexikon der Schiffahrt. Reinbek bei Hamburg 1981

Vidocq, Eugène-François: Vom Galeerensträfling zum Polizeichef. Die seltsame Lebensgeschichte Eugène-François Vidocqs von ihm selbst erzählt. Offenbach 1948

Zorzi, Alwise: Venedig. Die Gedanken der Löwenrepublik. Frankfurt am Main 1987

Verwendete Literatur

Wolfram zu Mondfeld: Die Galeere vom Mittelalter bis zur Neuzeit. © beim Autor.

Gottfried von Villehardouin: Die Eroberung von Konstantinopel durch die Kreuzfahrer im Jahr 1204. Leipzig 1915.

Joseph Furttenbach: Architectura Navalis. 1630.

Hans Eberhard Mayer: Geschichte der Kreuzzüge. © W. Kohlhammer GmbH, Stuttgart, 7. Auflage 1989.

Hans Wollschläger: Die bewaffneten Wallfahrten gen Jerusalem. © 1973 by Diogenes Verlag AG, Zürich.

Johann Michael Heberer: Aegyptiaca Servitus. 1610.

Jean Marteilhe: Galeerensträfling unter dem Sonnenkönig, Memoiren. Übersetzt von Hermann Adelberg. © Verlag C. H. Beck, München 1989.

Miguel de Cervantes Saavedra: Der sinnreiche Junker Don Quijote von der Mancha, Band 2. Übersetzt von Ludwig Braungels. © 1969 Büchergilde Gutenberg, Frankfurt am Main.

Wilhelm Raabe: Die schwarze Galeere. 1861.

Victor Hugo: Die Elenden. © 1952 Verlag Volk und Welt, Berlin.

Lewis Wallace: Ben Hur. © Gondrom Verlag, Bayreuth 1979.

Bildnachweise

Umschlag
Vorderseite: Die Bucintoro in San Nicolò di Lido.
Gemälde von Franceso Guardi (1712–93). Paris,
Musée du Louvre. Foto: Réunion des Musées
nationaux, Paris.
Buchrücken: Ausschnitt aus den Miniaturen
„Voyage et aventures de Charles Magius" 1578.
Paris, Bibliothèque Nationale.
Rückseite: Votivtafel eines Galeerensklaven an die
Madonna del'Arco. Venedig, Museo Storico
Navale. Foto: Pierre Pitrou, Gallimard, Paris.

Bildvorspann
„Voyages et aventures de Charles Magius", Miniatur,
1578. Paris, Bibliothèque nationale.

Erstes Kapitel
9   Venezianische Münze. Foto: Erich Lessing,
Magnum.
10   Die Bucintoro auf dem Weg nach S. Nicolò di
Lido. Gemälde von Francesco Guardi, 1780–90.
Mailand, Privatsammlung. Foto: Scala.
11   Venedig, aus der Geographie des Ptolemäus.
Mss. lat. 4802, Paris, Bibliothèque Nationale.
12   Luftansicht Venedigs. Wandmalerei von
Antonio Danti, 1580–83. Vatikan, Galleria delle
Carte Geografiche. Foto: Scala.
13   (oben) Schiffbruch des Löwen des heiligen
Markus. Miniatur aus mss. lat. 6069 G. Paris,
Bibliothèque Nationale.
13   (unten) Der heilige Markus. Detail der „Pala
d'Oro", Venedig, San Marco. Foto: Ebd.
14   Weg der Gewürze in Südostasien. Karte.
Madrid, Biblioteca del Duque de Alba. Foto:
Edimages.
15   Löwe des heiligen Markus. Gemälde von
Vittore Carpaccio, 1516. Venedig, Palazzo Ducale.
Foto: Scala.
16   (oben) Galeeren und Schiffe bringen die Armee
von Boucicaut nach Konstantinopel. Miniatur,
Troyes 1473. Mss. fr. 5594. Paris, Bibliothèque
Nationale.
16/17   (unten) Venezianischer Seesieg über Pisa
bei Rhodos im Jahr 1099. Gemälde von Andrea
Vicentino, 1585–90. Venedig, Palazzo Ducale.
Foto: Erich Lessing, Magnum.
19   Alexios IV. Angelos bei den Kreuzfahrern in
Zara. Gemälde von Andrea Vicentino, nach 1577.
Venedig, Palazzo Ducale. Foto: Ebd.
20   Konstantinopel. Luftansicht aus der Geographie von Ptolemäus. Mss. lat. 4802, Paris, Bibliothèque Nationale.
21   Erstürmung von Zara. Gemälde von Andrea
Vicentino, nach 1577. Venedig, Palazzo Ducale.
Foto: Erich Lessing, Magnum.
22/23   Die Einnahme Konstantinopels. Gemälde
von Domenico Tintoretto (Ausschnitt). Venedig,
Palazzo Ducale. Foto: Ebd.

24/25   Die Erstürmung Konstantinopels.
Gemälde von J. Palma il Giovane. Venedig, Palazzo
Ducale. Foto: Ebd.
26/27   Der Hafen von Genua. Gemälde aus dem
Jahr 1481. Pegli, Schiffahrtsmuseum.
28/29   Die Bucintoro in San Nicolò di Lido.
Gemälde von Francesco Guardi (1712–93). Paris,
Musée du Louvre. Foto: Réunion des Musées natio-
naux, Paris.

Zweites Kapitel
30   Gemälde, Cornelis Anthoniszoon zugeschrieben, Anfang 16. Jh. Greenwich, National Maritime
Museum.
31   Venezianische Münze. Foto: Erich Lessing,
Magnum.
32   Erste Seite des Manuskripts des Auftrags, den
der Doge Leonardo Loredan Giovanni Mauro er-
teilt hat. Venedig, Civico Museo Correr. Foto: Ebd.
33   Szene aus dem Leben der heiligen Ursula
(Treffen der beiden Verlobten und ihre Abfahrt).
Gemälde von Vittore Carpaccio, 1495 (Ausschnitt).
Venedig, Galleria dell'Accademia. Foto: Ebd.
34/35   Szene aus dem Leben der heiligen Ursula
(Rückkehr der Gesandten nach England). Ausschnitt, ebd. Foto: Ebd.
36/37   Allegorie der Maßnahmen der kaiserlichen
Truppen gegen Venedig nach der Gründung der Liga
von Cambrai (1508), aus dem von Albrecht Altdor-
fer für Kaiser Maximilian gemalten Triumphzug,
Deckfarbe auf Pergament. Wien, Albertina. Foto:
Akademische Druck- und Verlagsanstalt, Graz.
38/39   Ansicht von Venedig. In: Bernhardi de
Breydenbach opusculum sanctarum peregrinatio-
num ad sepulcrum Christi venerandum, 1486.
Stiche von Ehrhard Reuwich. Paris, Bibliothèque
Nationale.
40   Umzug in Venedig. In: Giacomo Franco,
Habiti d'huomeni et donne venetiane, 1642. Ebd.
41   Magius mit seinem Sohn in seinem Landhaus.
Gemälde, Paolo Veronese zugeschrieben. Voyage et
aventures de Charles Magius, 1578. Ebd.
42/43   (oben) Der Durchlauchte Prinz besucht
die Galeeren. Gemälde, G. B. d'Angelo zugeschrie-
ben. Venedig, Museo Storico Navale. Foto: Scala.
42   (unten) Kaufmann. In: Kleidersammlung,
Venedig, 16. Jh. Sammlung Gaignières. Paris,
Bibliothèque Nationale.
44   (unten) Lastträger. In: Kleidersammlung,
Venedig, 16. Jh. Sammlung Gaignières. Ebd.
45   (oben) Der Hafen von Neapel. Gemälde des
Maestro della Tavola Strozzi, 14. Jh. Neapel, Museo
Nazionale di San Martino. Foto: Scala.
45   (unten) Galeerensklave. In: Kleidersammlung,
Venedig, 16. Jh. Sammlung Gaignières. Paris,
Bibliothèque Nationale.
46   Das Wunder der Kreuzreliquie. Gemälde von
Vittore Carpaccio, 1494, Ausschnitt. Venedig, Gal-
leria dell'Accademia. Foto: Erich Lessing, Magnum.
48/49   Regatta in Venedig. Aquarell, 18. Jh.
Venedig, Civico Museo Correr. Foto: Scala.

50/51 Perspektivische Ansicht des Arsenals in Venedig. Ausschnitt aus einer Stadtansicht von 1500, Jacopo de'Barbari zugeschrieben. Venedig, Civico Museo Correr. Foto: Erich Lessing, Magnum.
50 (unten) Arbeiter verlassen das Arsenal. Stich, 1610. Venedig, Civico Museo Correr. Foto: Scala.
52/53 Ansicht des Arsenals. Aquarell von Antonio di Natale, 17. Jh. Venedig, Civico Museo Correr. Foto: Scala.
54/55 Firmenschild einer Werkstatt im Arsenal. Venedig, Civico Museo Correr. Foto: Ebd.

Drittes Kapitel
56 Die Schlacht von Lepanto. Gemälde, 17. Jh. in der Kirche von Monêtier-les-Bains, Hautes Alpes. Foto: Archives départementales, Marseille.
57 Der Sultan Selim. Paris, Bibliothèque Nationale.

58 Plan der Belagerung Konstantinopels durch Mehmed II. Miniatur, 15. Jh. Mss. fr. 6487. Paris, Bibliothèque Nationale.
59 (oben) Bildnis Barbarossas. Miniatur von Nigari. Miniatur H 2134/9. Istanbul, Topkapi Sarayi Müzesi Müdürlügü.
59 (unten) Der Lauf des Nils und die Stadt Kairo. Miniatur aus dem Portolane des Piri Reis (Kitab-i-Bahriye), 16. Jh. Mss. supl. turc 956. Paris, Bibliothèque Nationale.
60/61 (oben) Geschichte der Belagerung von Rhodos durch die Türken von Caoursin. Miniaturen. Mss. lat. 6067. Ebd.
61 (unten) Schiffer und türkischer Meersoldat. Ebd.
62/63 Karte des Mittelmeers von François Ollive, Marseille, 1662. Ebd.
64 (oben) Bildnis Papst Pius V. Anonymes Gemälde, 16. Jh. Piacenza, Museo Civico. Foto: Scala.

64/65 (unten) Pius V. und Philipp II. von Spanien im Jahr 1571, Stich in: Giacomo Franco, Habiti d'huomeni et donne venetiane, 1614. Paris, Bibliothèque Nationale.
65 (oben) Philipp II. von Spanien. Gemälde von Tizian und Schülern, um 1554. Florenz, Galleria Pitti. Foto: Scala.
66/67 (links) Geschichte der Regierungszeit von Selim I., Mitte 17. Jh. Mss. supl. turc 524. Paris, Bibliothèque Nationale.
67/68 Kämpfe türkischer Galeeren auf dem Mittelmeer, Miniatur A 3595. Istanbul, Topkapi Sarayi Müzesi Müdürlügü.
69 Sebastiano Veniero. Gemälde von Jacopo Tintoretto, kurz nach 1571. Wien, Kunsthistorisches Museum. Foto: Erich Lessing, Magnum.
71 Die Schlacht von Lepanto. Wandmalerei von Antonio Danti, 1580–83. Vatikan, Galleria delle Carte Geografiche. Foto: Scala.
72/73 Die Schlacht von Lepanto. Anonymes Gemälde. Greenwich, National Maritime Museum.
74/75 Die Schlacht von Lepanto. Venezianische Schule, 17. Jh. Venedig, Civico Museo Correr. Foto: Scala.
76/77 Die Schlacht von Lepanto. Gemälde von Andrea Vicentino, bald nach 1577. Venedig, Palazzo Ducale. Foto: Ebd.
78/79 (oben) Allegorie der Schlacht von Lepanto (Ausschnitt), Gemälde von Paolo Veronese (1528–88). Venedig, Galleria dell'Accademia. Foto: Erich Lessing, Magnum.
78/79 (unten) Holzfigur eines gefesselten Türken, die auf der Kampfgaleere des Dogen Francesco Morosini befestigt war. Venedig, Museo Storico Navale. Foto: Ebd.

Viertes Kapitel
80 Die Réale in der Werft von Marseille, Besuch des Marquis de Seignelay. Gemälde von J. B. de la Roze, 1677. Musée de Versailles. Foto: Réunion des Musées nationaux, Paris.
81 Votivtafel eines Galeerensklaven an die Madonna del'Arco, Exvoto. Venedig, Museo Storico Navale. Foto: Pierre Pitrou, Gallimard, Paris.
82 und 83 Heck der königlichen Galeere. Paris, Bibliothèque Nationale.
84/85 Erbauung mehrerer Galeeren in der Werft von Marseille. Gemälde, J. B. de la Roze zugeschrieben. Marseille, Musée de la Chambre de Commerce.
86 Christlicher Sklave in Algier. Stich. 17. Jh. Ebd.
87 Verladung der Galeerensklaven im Hafen von Genua. Gemälde von Alessandro Magnasco (gest. 1749). Bordeaux, Musée des Beaux-Arts.
88/89 und **90/91** Galeerensklaven. Stiche von Johannes Lingelbach, 1660. Paris, Musée de la Marine.
92 Mittel, die Protestanten zum Abschwören zu bringen. Lithographie nach einer Zeichnung von 1686. Sammlung Cauboue. Foto: Edimages.

93 Galeerensklave. Stich von Cornelius de Wael (1592–1667). Paris, Bibliothèque Nationale.
94/95 Sklavenmarkt in Paris. Stich von Jacques Callot (1592/93–1635). Ebd.
96/97 Die Flucht der Reformierten. Stich von Jan Luiken (1649–1712). Bibliothèque de la Société de l'histoire du protestantisme français.

Fünftes Kapitel
98 Galeere auf Reede vor Marseille. Schule von Pierre Puget (1620–94). Marseille, Musée du Vieux-Marseille. Foto: Pierre Pitrou, Gallimard, Paris.
99 Ansicht von Marseille. Kolorierter Stich, 16. Jh. Marseille, Musée de la Marine de la Chambre de Commerce. Foto: Ebd.
100/101 Bemannung der Galeeren. Stich von Jaques Rigaud (1681–1753). Ebd.
102/103 Galeeren im Hafen von Marseille (Ausschnitt). Zeichnung von Pierre Puget (1620–94). Paris, Cabinet des dessins du Louvre. Foto: Réunion des Musées nationaux, Paris.
105 Zeichnungen der Konstruktion und der Bemannung einer Galeere, SH 137. Vincennes, Service historique de la Marine. Foto: Pierre Pitrou, Gallimard, Paris.
106 Darstellung aller Stücke aus Holz, der Nägel und Beschläge, die man für die Erbauung einer normalen Galeere von 23 und 26 Bänken benötigt. SH 135. Ebd.
106/107 (unten) Der Wasserdienst. Stich von Cornelius de Wael (1592–1667). Paris, Bibliothèque Nationale.
108/109 Ansicht Marseilles von der Seite des Krankensaales aus, 1698. Mss. 408. Vincennes, Service historique de la Marine. Foto: Pierre Pitrou, Gallimard, Paris.
110 bis 117 Pläne mehrerer Schiffe mit ihren Dimensionen, von Henri Sbonski de Passebon. Stiche von Randon. Paris, Bibliothèque de l'Arsenal. Foto: Bibliothèque Nationale, Paris.
118/119 Das Innere des Hafens von Marseille. Gemälde von Joseph Vernet, 1754. Paris, Musée de la Marine. Foto: Réunion des Musées nationaux, Paris.

121 Eine Galeere hat Schiffbruch erlitten, und der leblos am Strand gefundene Seemann ist von der schützenden Muttergottes wieder zum Leben erweckt worden. Exvoto, Ende 17. Jh. Notre-Dame du Château, Allauch bei Marseille. Foto: Pierre Pitrou, Gallimard, Paris.
122 (oben) Soldat der Galeeren von Marseille. Aquarell, Vassé zugeschrieben. Foto: Ebd.
123 Dritte Ansicht von Toulon. Gemälde von Joseph Vernet, 1756. Paris, Musée de la Marine. Foto: Réunion des Musées nationaux, Paris.
124/125 Schwedische Galeerengeschwader im Hafen von Stockholm. Gemälde von Schoultz, 1790. Stockholm, Sjohistorika Museet.
126/127 Seeschlacht von Hanghö Oud, die der Zar Peter der Große der schwedischen Flotte geliefert hat, 27.7.1714. Gemälde von Martin der Jüngere, gestochen von Maurice Baquoy (um 1680–1747). Paris, Bibliothèque Nationale.
128 Die vier Zeiten des Tages: Der Abend. Gemälde von Joseph Vernet, 1762. Musée de Versailles. Foto: Réunion des Musées nationaux, Paris.

Zeugnisse und Dokumente

129 Galeere. In: Architectura Navalis von Joseph Furttenbach, 1630. Paris, Bibliothèque Nationale.
130 Die Bucintoro in Venedig. In: Giacomo Franco, Habiti d'huomeni et donne venetiane, 1642. Paris, Bibliothèque Nationale.
132 Galeere mit Sonnensegel. Vincennes, Service historique de la Marine. Foto: Pierre Pitrou, Gallimard, Paris.
134 Türkische Galeere (Fregata Tvrchesca). Holzschnitt um 1571. Bildarchiv Preussischer Kulturbesitz, Berlin.
137 Positionen der Ruder auf eine Galeere. Zeichnung von René Burlet. Gallimard, Paris
139 Galeere in der Ostsee im 19. Jh. Zeichnung von René Burlet. Ebd.
140 Venedig, aus der Geographie des Ptolemäus. Paris, Bibliothèque Nationale.
142 Reise von Venedig nach Jerusalem. In: Transmarina Peregrinatio in Terram Sanctam von Breydenbach, 1486. Stich von Ehrhard Reuwich. Paris, Bibliothèque Nationale.
143 Belagerung Konstantinopels durch die Türken im Jahr 1453. Paris, Bibliothèque Nationale.
144 Seeschlacht. Stich 17. Jh. von Jacques Callot. Paris, Bibliothèque Nationale.
146 Maltesische Galeere. In: Architectura Navalis von Joseph Furttenbach, 1630. Ebd.
147 Maltesische Galeere. Ebd.
149 Galeeren. Stich von Brueghel, 1564–1565. Ebd.
150 Entwurf zur Statue des Kreuzritters Gottfried von Bouillon von Hans Polhamer d. Ä. © Innsbruck, Tiroler Landesmuseum Ferdinandeum, Inv.-Nr. AD 32.
152/153 Stich von Konstantinopel (um 1700) von Johann Friedrich Probst. © Nürnberg, Germanisches Nationalmuseum, 1990.

156/157 Seeschlacht. Stich 17. Jh. von Jacques Callot. Paris, Bibliothèque Nationale.
158/159 Galeerensträflinge helfen beim Bau der Schiffe. Stich von Barras de la Penne, 1704. Ebd.
160/161 Hafeneinfahrt von Marseille. Stich von Barras de la Penne, 1704. Ebd.
163 Galeerensträflinge. Stich von Cornelius de Wael. Ebd.
165 Don Quijote. Stich von Coypel aus einer französischen Ausgabe von 1774. Foto: Pierre Pitrou, Gallimard, Paris.
167 Galeeren in einer Seeschlacht. Stich von Brueghel, 1564–1565. Paris, Bibliothèque Nationale.
170 Victor Hugo in seinem Arbeitszimmer. Stich von Adrien Maris. Foto: Charmet. Gallimard, Paris.
174 Galeere (Typ Turuvna). Zeichnung von René Burlet. Gallimard, Paris.
175 Galeerensklaven. Stich 17. Jh. Paris, Bibliothèque Nationale.
176 „Portulan de la mer Méditerranée…" Stich von Barras, 1704, mss. fr. 6173. Paris, Bibliothèque Nationale.
177 Fest der Galeeren im Hafen von Marseille. Stich von J. Rigaud, 18. Jh. Marseille, Musée de la Marine de la Chambre de Commerce.
179 Illustration von July Noel zu „Les Bagnes" von Maurice Alhoy, 1845. Foto: Pierre Pitrou, Gallimard, Paris.
180 Galeere. Stich, 18. Jh. Gallimard, Paris.

Register

Abmessungen 134
Achterkastell 32
Achtersteven 32
Adel, venezianischer 38 f.
Ägypten 38, 57
Aigues-Mortes, Konvoi von 44
· Alba, Herzog von 64
Albanien 60
Alexandria 13 f., 44
Alexios I., Komnenos,
   Kaiser 14, 23
Algier 59
Ali Pascha 72
Ali, Gavur 73
Ali, Uludsch 76 f., 79
Amiraio 43
Ancien Régime 93
Andrada, Gil d' 69
Antiochia 18
Apostis 106, 137 f.
Aristokratie 47
− venezianische 40
Armada 20
Arnoul, N. 87 f.
Arsenal, Marseiller 118 f.
Arsenal, venezianisches 32, 34, 51
Arsenale vecchio 53
Artemonmast 132
Artillerie, Schiffs- 48
Askalon 17
Austria, Don Juan d' 67, 69 f.,
   72, 75

Barbarigo, A. 73, 75 f.
Barbarossa, K. 59
Barken 29
Barnabas, hl. 65
Basileus 14 f., 18, 20
Batarden 34
Bazans, Alvaro de 75
Begon, Michel 93
Berufssoldaten 47
Besatzung 32, 38, 41
Bianco, Andrea 43
Bireme 32
bonevoglies 88 f.
Bonifatius II.,
   Markgraf von Montferat 140
Bosporus 64
Brest 119, 126
Bucentaur 11, 49
Bulgarien 60
Bulle, Goldene 14
Byzanz 18, 20, 23, 25, 58 f.

Canal, Christoforo da 47
Canale Grande 15
Capitanio 40, 42
Cattaro 68

Caumont, David de 92
Celeuma 162
Champagne, Graf von 18
Chapman, F. H. 125, 127, 137
Chefnavigator 43
chiourmes 83
Coeur, Jacques 34
Colbert, J.-B. 81 f., 88, 90
Colonna, M. A. 65 f.
Comes 43, 89, 111, 118
Comites 99, 104, 106 f., 120
Commynes, Philippe de 29
Corsia 135, 138
Courroir 137
Coursie 135

Dandolo, E. 18, 25, 140
Dardanellen 59, 64
Denonville, Graf de 87
Deserteur 91 f.
Diaz, Bartolomeu 37
Dogat 28
Doge 11, 13 f., 17 f., 20, 28, 41,
   49, 79
Dogenpalast 45
Dokumente 129 ff.
Doria, Filippino 49
Doria, Gian Andrea 65 f., 75 f.
Dracene 138
Dromonen, byzantinische 32
Dschunken, chinesische 133
Duchten 131, 136

Eroberung von Konstantinopel
   59

Famagusta 66, 70
Feluken 66
Feuerkraft 76
Flaggstock 132
Flandern 44
fleurs de lis 91 f.
Fließband 53
Florenz 34
Flotte, osmanische 73
Flucht 120 f.
Franz I. 90
Furttenbach, J. 142 ff.
Fusta 131, 134

Galea 34, 38
Galeassen 70, 72, 136
Galeere, große 34, 38
Galeeren 29, 31 f., 34
− Entwicklung 130 ff.
− Staats- 44
Galeerenstrafe 88, 90, 92, 158,
   164, 170
Galeerensträflinge 90
Galeone, venezianische 32
Galeonen 36
Galeote 66, 70

Galeotti 44 ff., 104, 162
Galia sottil 131
Galion 132, 136
Gallipoli 59
Gefangene 44
Gefängnisse, schwimmende 170
Genua 16, 26 f., 34
Granvella, Kardinal von 64
Griechenland 60
Großwesir 79
Guinea 86

Hagia Sophia 58
Haifa 17
Handelsbeziehungen 60
Handelsgaleere 34, 41
Handelsniederlassungen 18
Heberer, J. M. von Bretten 158 ff.
Heckruder 131
Heilige Liga 58, 64 ff., 69 f., 79
− Flotte der 70, 73
Heiliges Land 19, 39
Heinrich II. 90
Hodscha, Kara 70
Hohe Pforte 64
Holl 101, 111
Hospital 136
Hugenotten 92
Hugo, Victor 170 f.

Indien, Seeweg nach 36 f.
Innozenz III. 20
Irokesen 86 ff.
Isaak II. 23
Islam 65
Istanbul 59, 61

Jaffa 39
Jerusalem, Königreich 18
Joseph, hl. 55

Kaiser, deutscher 15
Kalfaterer 43, 53
Kamisarden 93
Kampfordnung 75
Kampftaktik, venezianische 16
Kanonen 48 f.
Kap der Guten Hoffnung 37
Karacke 36, 38
− genuesische 32
Karl V. 59, 67
Kartograph 43
Kephallenia 70
Kerker, schwimmender 99, 108
Kette von Paris 97
Kettenfreiwillige 88
Kilikien 66
Koggen 32, 36
Kolonien 47
Konrad III. 20
Konstantinopel 14, 20, 23, 25,
   58, 64

Konvoi 34
Korfu 18, 61, 69 f.
Koroneia 60
Kreta 28, 61
Kreuzzüge 16, 18, 20, 65, 140, 149
Krieg von Chioggia 27
Kriegsgaleere 41
Kriminelle 93
Küfer 43
Kythera 28

Lagune 12
Langschiffe 31
Lateinsegel 31 f., 49, 126, 130 f.
Laufbrücke 135
Laufgang 137
Lepanto, Hafen von 28, 68, 70
– Schlacht von 49, 53, 57 ff., 79, 127, 138
Levante 44
Levantehandel 14
Liburnen, römische 32
Lido 49
Linienverkehr 34
Loredan, Pietro 59
Lotsen 44
Löwenherz, Richard 20
Ludwig XIV. 82, 92 f., 99, 119
Ludwig XV. 90, 93

Madrid 61, 64
Magnius, Carlo 2
Malta 69
Malteserorden 67
Mameluken 57
Marangoni 55
mare closum 37
Marinaio 45
Markus, hl. 13
Marseille 81, 88, 94, 99 f., 118 f., 121, 123, 126
Marsgäste 44
Marteilhe, Jean 93, 95, 97, 100, 121, 161 f.
Matrosen 43
Mayer, H. E. 149 ff.
Mehmet II. 58 f.
Mekka, Schlüssel von 57
Messina 65, 69 f.
Michiel, D. 17
Miliz 47
Moceniga, T. 29
Modon 60
Mohacs, Schlacht von 61
Mondfeld, W. zu 130 ff.
Murzuphlos 23

Nantes, Edikt von 92
Nasi, Joseph 64
Nave 32
Neapel 44, 65

Nef 32, 34
Negroponte 59
Nicolo, Theodoro Pre 134, 136
Nikolaus, hl. 17
Nikosia 64, 66
Normannen 14, 18
Nuntius, päpstlicher 69

Offiziere 43
Ostsee 126
Otranto 65, 69
Oxia 70

Palästina 39
Partecipazio, A. 13
Patras 28
– Golf von 70
Patriziat, venezianisches 40
Patron 41
Patroni 39 f., 47
Penne, Barras de la 117
Peter der Große 126
Philipp August von Frankreich 20
Philipp II. 65, 67
Piazza San Marco 45
Pilger 39
Pisa 16, 44
Pius V. 64 f.
Polo, Marco 133
Principe 28
Prevesa 60
Proskynese 20

Quarterol 106
Quinterol 106

Raabe, Wilhelm 168 f.
Rammsporn 130, 136
Reale, französische 135
Reich, Osmanisches 43, 60 f., 79
Reisegeschwindigkeit 108
Reisen, organisierte 39
Renaissance 28
Renegat 59
Rhodos 17, 60, 66
Rialto 14 f., 45, 47
Riemen, Proportionen eines 138
Riemenwerk 131, 136
Rochefort 87
Ruder 104, 113, 131
Ruderer 45, 47, 83, 126
Rudermanufaktur 53
Rumelien 60
Rundschiffe 29, 31 f.
– hanseatische 36

Saavedra, Miguel de Cervantes 164 ff.
San Marco 13, 28, 34
Schiffa... K S H

Schiffskörper 133
Schiffswerkstätte 53
Schuluk, Mohammed 73
Scropha 70
Seehandel 36 f., 42, 46
Seekrieg 43
Seerepublik 18, 20, 26, 28, 149
Seeräuberei 18
Segel 115
– quadratisches 130
Segelfläche 109
Seignelay, Marquis de 81
Seitenruder 131
Selim II., Sultan 64
Senat 38, 41
Serbien 60
Serenissima 11, 28, 60, 64, 79
Sklaven 44 f., 47, 81, 86, 94, 104, 118 f., 120
Sokolly, Mehmet Pascha 64
Sonnenkönig 81 ff., 90
Sopracomiti 39 ff., 43, 45, 47
Spanien 60
Speigatten 102
Speiseplan 107
Sträflinge 44, 100, 102 ff., 107, 118 ff, 126
Subcomes 43
Süleiman der Prächtige 59
Syrien 38

Takelage 32, 108, 130
Tarent, Golf von 69
Tyros 18
Theoderich, König 12
Tiercerol 106
Toulon 119, 123, 126
Trieren, athenische 32
Trireme 32, 44 f., 47, 131
– Kriegs- 38
Tripolis 59

Usurpator 23

Veniero, Sebastiano 69
Vernet, Joseph 118
Versteigerung, öffentliche 41
Villehardouin, G. von 140 ff.
Volti 51

Wallace, Lewis 172 ff.
Wien 61
Wollschläger, Hans 156 f.

Zane, Girolamo 66, 69
Zara 66
Zeugnisse 129 ff.
Zonchio 60
Zunft 55
Zwangserhebung 45
Zypern 18, 61, 64 ff., 79

119 3 19.80

Inhalt

11 Erstes Kapitel: Der unaufhaltsame Aufstieg einer Seerepublik
31 Zweites Kapitel: Das goldene Zeitalter der Galeeren
57 Drittes Kapitel: Der Sonntag von Lepanto
81 Viertes Kapitel: Die Sträflinge des Sonnenkönigs
99 Fünftes Kapitel: Im Hafen und auf See

129 Zeugnisse und Dokumente
130 Die Entwicklung der Galeeren
140 Galeeren als Kriegsschiffe
149 Der 4. Kreuzzug und der Aufstieg Venedigs aus heutiger Sicht
158 Galeeren als Gefängnisschiffe
164 Galeeren in der Literatur

174 Anmerkungen
182 Register